निबन्धावली

निबन्धावली

पं. दीनदयाल उपाध्याय शेखावाटी विश्वविद्यालय, सीकर के बी.ए. तृतीय वर्ष (हिन्दी साहित्य) के द्वितीय प्रश्न-पत्र (निबन्ध तथा काव्यशास्त्र) के निर्धारित पाठ्यक्रमानुसार

सम्पादक

डॉ. कैलाश चन्द सैनी

सहायक आचार्य, हिन्दी विभाग

श्री कल्याण राजकीय कन्या महाविद्यालय

सीकर (राज.)

श्रीमती बबल शर्मा

सहायक आचार्य, हिन्दी विभाग

श्री कल्याण राजकीय कन्या महाविद्यालय

सीकर (राज.)

वाणी प्रकाशन

वाणी प्रकाशन

4695, 21-ए, दरियागंज, नयी दिल्ली 110 002

शाखा

अशोक राजपथ, पटना 800 004

फ़ोन : +91 11 23273167 फ़ैक्स : +91 11 23275710

www.vaniprakashan.in
vaniprakashan@gmail.com
sales@vaniprakashan.in

NIBANDHAWALI
Edited by Dr. Kailash Chand Saini
Smt. Babal Sharma

ISBN : 978-93-87889-70-5

प्रथम संस्करण 2018

मूल्य : ₹ 55

भारद्वाज प्रिंटर्स, दिल्ली-110 093 में मुद्रित

वाणी प्रकाशन का लोगो मक़बूल फ़िदा हुसेन की कूची से

भूमिका

भावात्मक अनुभूति का गद्यमय लिखित रूप ही निबन्ध है। निबन्ध विचार-स्वातन्त्र्य एवं उदार सामाजिकता का प्रतिबिम्ब है। स्वाधीन सामाजिक वातावरण में व्यक्ति निर्भय होकर अपना दृष्टिकोण प्रस्तुत कर पाएगा, यहीं से निबन्ध की उत्पत्ति भी होती है। निबन्धकार उपदेशक नहीं होता बल्कि सीधे-सीधे अपनी बात कह डालता है। निबन्ध में निबन्धकार की निजी अनुभूतियाँ, विचार और भावनाएँ रहती हैं। हृदय एवं मस्तिष्क दोनों की स्पष्ट उपस्थिति यहाँ रहती है। वस्तुतः निबन्ध में व्याख्यान का प्रभाव, वक्तृता की मर्यादा, तर्क की शक्ति, पारस्परिक वार्तालाप का आनन्द तथा वैयक्तिक वैचित्र्य—इन सभी का समन्वय रहा करता है। निबन्ध में आत्मप्रकाशन की प्रवृत्ति विद्यमान रहती है। इस आत्मप्रकाशन को मनुष्य विभिन्न माध्यमों या साधनों द्वारा सन्तुष्ट करना चाहता है नृत्य, कला, संगीत या साहित्य इसके साधन हो सकते हैं। साहित्य में निबन्ध विधा ही शुद्ध रूप में आत्मप्रकाशन में सक्षम है। निबन्ध मानव के स्वतन्त्र मानसिक चिन्तन तथा निश्छल अनुभूतियों का गद्यरूप है। व्यक्ति का 'स्व' कितना क्रियाशील तथा मननशील है, यह निबन्ध में प्रकट होता है। निबन्ध के बाह्य व आन्तरिक दोनों तत्त्वों में लेखक का निजीपन रहता है। निजीपन या आत्मप्रकाशन का अर्थ है निजी भावनाएँ, मौलिक विचार और अनुभव पर आधारित जीवन-दर्शन।

साहित्यिक व्यक्तित्व के बाह्य व आन्तरिक दो रूप होते हैं जो मिलकर रचयिता का सम्पूर्ण व्यक्तित्व बनाते हैं। निबन्धकार का ऐसा ही व्यक्तित्व उसकी रचनाओं में मिलता है। लेखक का व्यक्तित्व है उसके सबल कथन में। वह अपनी शब्द-शक्ति से किस प्रकार प्रभावित करता है, उसकी भाषा अर्थ को कितना व्यापक रूप प्रदान करती है, इन सभी से उसका बाह्य व्यक्तित्व का निर्माण होता है। अपने विश्वासों के प्रति पाठक का समर्थन, आस्था के प्रति उसकी श्रद्धा और संदेश के प्रति पाठक का अनुकरण—इन सबसे उसका आन्तरिक व्यक्तित्व

बनता है। इन अन्तः व बाह्य दोनों रूपों से 'व्यक्ति' निर्मित होगा। यह जितना सशक्त व महान होगा पाठक को उतना ही अधिक प्रभावित करेगा।

निबन्ध की विभिन्न समीक्षकों ने अलग-अलग परिभाषाएँ दी हैं परन्तु समय के साथ-साथ इनमें पर्याप्त परिवर्तन होता रहा। निबन्ध का जन्मदाता मोनतैड्. (Montagine) माना जाता है। निबन्ध को पारिभाषित करते हुए इनका कहना है—"निबन्ध विचारों, उद्धरणों और कथाओं का मिश्रण है" (Essay is a modley of reflection, quotation and anecdotes) इनके अनुसार निबन्ध अपनी आत्मा को दूसरे तक पहुँचाने का प्रयत्नमात्र है जिसमें इनके निजी विचार व कल्पनाएँ हैं, कोई नवीन खोज नहीं। कुछ विद्वानों ने निबन्ध के विचारात्मक रुख पर जोर दिया। बेकन व रामचन्द्र शुक्ल ने निबन्ध को गम्भीर विचार प्रकाशन का साधन माना। मात्र विचार को ही सबकुछ मान लेने से निबन्ध का स्वरूप संकुचित हो जाता है। आत्मप्रकाशन जो निबन्ध का एक गुण है, इससे वह वंचित रह जाता है। ए.सी. बेनसन निबन्ध में विनोदी तत्त्वों की अनिवार्यता को महत्त्व देते हैं। विनोदपूर्ण निबन्ध एक प्रकार हो सकता है परन्तु उसमें गम्भीरता का अभाव नहीं होना चाहिए। बालकृष्ण भट्ट व बालमुकुन्द गुप्त के निबन्धों में दोनों का सामंजस्य मिलेगा। इन प्रस्तुत मतों से निबन्ध की पूर्ण परिभाषा निश्चित नहीं होती। बाबू गुलाबराय ने सभी मतों का संग्रह अपनी इस परिभाषा में किया है—"निबन्ध उस गद्य रचना को कहते हैं जिसमें एक सीमित आकार के भीतर किसी विषय का वर्णन या प्रतिपादन एक विशेष निजीपन, स्वच्छन्दता, सौष्ठव और सजीवता तथा आवश्यक संगति और सम्बद्धता के साथ किया गया हो।" निःसन्देह इस परिभाषा में निबन्ध का बहुत कुछ स्वरूप स्पष्ट होकर सामने आता है, परन्तु पूर्णरूप अभी भी स्थिर नहीं होता। वस्तुतः किसी विषय पर स्वाधीन चिन्तन और निश्छल अनुभूतियों का सरस, सजीव व मर्यादित गद्यात्मक प्रकाशन को निबन्ध कहा जा सकता है। 'स्वाधीन चिन्तन' से ही लेखक मौलिक व निजी रूप में उपस्थित रहता है। 'अनुभूतियों' में रागात्मकता, भावुकता तथा हृदयपक्ष उपस्थित रहता है। 'निश्छल' में शुद्धता, स्पष्टता व अपनापन है। 'सरस' रसयुक्त है। 'मर्यादा' में सम्बद्धता, पूर्णता व सीमा है। निबन्ध में वर्णित विषय बहुत विस्तार के साथ विवेचित नहीं किया जा सकता। निबन्ध आकार में छोटा होता है। भाषा मर्यादा भी आवश्यक है। कम से कम संख्या में अधिक से अधिक उपयोगी शब्दों का प्रयोग। एक भी शब्द, व्यर्थ न हो। निबन्ध की भाषा में संक्षिप्तता, शक्ति व गति होनी चाहिए। निबन्धकार थोड़े शब्दों में अर्थ की व्यापकता उपस्थित कर सकता है। निबन्ध में तारतम्यता, सन्तुलन व पूर्णता होनी चाहिए। व्यक्तित्व के

रूप में रचयिता का जीवन-दर्शन निबन्ध की अनिवार्यता है। वस्तुतः निबन्ध में अन्तः व बाह्य दोनों ही रूपों की अनिवार्यता है।

बाह्य और आन्तरिक विविधता के आधार पर निबन्ध के अनेक प्रकार निश्चित किये गये हैं। विवेचन पद्धति, भाषा-शैली, वस्तु-विषय सभी निबन्धों में समान नहीं मिलते! इसका अन्तर बाहरी स्वरूप को भिन्न तथा पृथक करता है। भाव, विचार, अनुभूतियाँ तथा सन्देश आदि निबन्ध के आन्तरिक स्वरूप को आकार देते हैं—ये भी हर निबन्ध में भिन्न होंगे। कुछ विद्वान 'व्यक्ति' के आधार पर निबन्ध के प्रकार निश्चित करते हैं।

व्यक्ति को मुख्य मानकर निबन्धों को व्यक्तिप्रधान तथा विषयप्रधान दो प्रकारों में बाँटा गया है। व्यक्तिप्रधान निबन्धों में निबन्धकार 'निज' को रखता है। विषयप्रधान में अपने को अलग रखकर शेष जगत् की बात कही जाती है। सजग लेखक 'निज' की बात भी करता है। और 'पर' की भी। इसी आधार पर निबन्ध को दो वर्गों में विभाजित किया गया। पहला निजात्मक (Subjective) तथा दूसरा परात्मक (Objective)। निजात्मक निबन्धों के दो प्रकार माने गये—विचारात्मक व भावात्मक। परात्मक के वर्णनात्मक तथा विवरणात्मक। निजात्मक में आत्मपरक या वैयक्तिक निबन्धों को भी शामिल किया गया है। निबन्ध के इस आधार पर निम्न प्रकार निश्चित किये जा सकते हैं—

परात्मक **(Objective)**

- वर्णनात्मक
- विवरणात्मक

निजात्मक **(Subjective)**

- विचारात्मक
- भावात्मक
- आत्मपरक या वैयक्तिक

वर्णनात्मक : वर्णन प्रधान निबन्ध वर्णनात्मक कहलाता है। इस प्रकार के निबन्ध में विचार, अनुभूति तथा कल्पना सभी वर्णन को आकर्षक बनाने के लिए सचेष्ट रहते हैं। ये सब तत्त्व साधन बनकर स्थानगत चित्र प्रस्तुत करते हैं। यही चित्र निबन्ध में साध्य है। वर्णन में लेखक का व्यक्तित्व उभरना चाहिए। वर्णन प्रधान निबन्धों में कल्पना-तत्त्व की प्रधानता रहती है। कल्पना इतनी सजग होनी चाहिए कि सामने बिम्ब खड़ा हो जाये। रागात्मक तत्त्व भी इस प्रकार के निबन्ध में अनिवार्य है। अन्त में विचार और बुद्धि तत्त्व का स्थान आता है। शैली में

सरलता एवं सुबोधता होनी चाहिए। यात्रा, वातावरण, तीर्थ-मेले, सभा-सम्मेलन आदि वर्णनात्मक निबन्ध के विषय हो सकते हैं।

विवरणात्मक : विवरणात्मक निबन्धों में वृत्तान्त या घटनाओं का वर्णन रहता है। इसमें कथा की प्रधानता—घटनाओं का सम्बद्ध वर्णन और विवेचन होता है। घटनाओं में लेखक की आत्मीयता तथा व्यक्तित्व की छाप रहती है। वर्णनात्मक व विवरणात्मक निबन्ध में यह भेद है कि पहले में स्थानगत वर्णन रहता है और दूसरे में कालगत। विवरणात्मक निबन्ध में ऐतिहासिकता होती है परन्तु निबन्धकार इतिहासकार बनकर नहीं रह जाता। इतिहास में विचार तत्त्व की प्रधानता है, विवरणात्मक निबन्ध में कल्पना तथा भावतत्त्व की। विचार इस प्रकार के निबन्ध में कल्पना तथा भाव के पीछे आता है। इसमें घटनाओं के साथ क्रियाशील व्यक्ति रहते हैं। व्यंग्य के लिए भी इसमें अपेक्षाकृत विस्तृत क्षेत्र है। यह जीवन के अधिक निकट है।

विचारात्मक : जिन निबन्धों में बुद्धि की प्रधानता हो उन्हें विचारात्मक निबन्ध कहते हैं। समाज-परम्परा, साहित्यिक आस्था पर लेखक स्वाधीन और मौलिक विचार जिस रचना में प्रकट करे, वही रचना विचारात्मक निबन्ध है। इस प्रकार के निबन्ध में लेखक के चिन्तन, मनन और सजग मस्तिष्क के विषय में पता चलता है। विचारात्मक निबन्ध ही बात की सूक्ष्मता, तर्क योजना और विवेचना पद्धति की परख और पाठक को अभिभूत करने की कसौटी है। इस प्रकार के निबन्धों में बौद्धिक आग्रह रहता है। भावना तथा कल्पना का आग्रह इस प्रकार के निबन्धों में कम रहता है। विषय की अनेकरूपता इस प्रकार के निबन्धों में देखी जा सकती है। राजनीति, परम्परा, संस्कृति, समाज या नैतिक आदर्श किसी को भी लिया जा सकता है।

भावात्मक : भावात्मक निबन्धों में हृदय का आग्रह प्रधान है। इसमें भाव या रागात्मक तत्त्व का अधिकार सभी तत्त्वों पर रहता है। भाव के बाद कल्पना और कल्पना के बाद विचार तत्त्व आएगा। हृदय की उदात्त अनुभूतियों, तीव्र भावनाओं और भावुकता का चरम भावात्मक निबन्ध में ही मिलता है। हृदय जो आनन्द, विषाद, आकर्षण, विकर्षण किसी स्थान या व्यक्ति के प्रति अनुभव करता है, लेखक उसे ही अपनी कृति में भर देता है। अनुभूतियाँ जितनी गहन होंगी, प्रकाशन जितना स्पष्ट होगा और निश्छल होगा, निबन्ध भी उतना ही सफल होगा। रागात्मकता से भाव मूर्तरूप में आकर बिम्ब उपस्थित कर देते हैं भावात्मक निबन्ध में लेखक की सभी प्रकार की अनुभूतियों का प्रकाशन रहता है। एक निबन्ध में एक विशेष भाव तथा अन्य भाव सहायक रूप में उपस्थित रहते हैं।

केन्द्रीयता का होना स्वाभाविक है। निबन्धकार को सतर्क रहना चाहिए कि कहीं एक सूत्रता के छिन्न हो जाने से उसमें बिखराव न आ जाये।

आत्मतत्त्व की प्रधानता : आत्मतत्त्व होने की प्रधानता से निबन्ध में लेखक के व्यक्तित्व की छाप रहती है। केवल ज्ञानवर्धन करना ही निबन्ध का लक्ष्य नहीं होता। उसमें रसात्मकता भी होती है जिसका उद्‌गम है लेखक के व्यक्तित्व, उसकी अनुभूतियों तथा जगत के प्रति उसके दृष्टिकोण से। इन सबके माध्यन से ही लेखक का व्यक्तित्व निबन्ध में उभरकर आता है। अपने व्यक्तित्व को निबन्ध में डुबोकर वह पाठक से आत्मीयता स्थापित कर लेता है।

कलात्मकता : निबन्ध अपने लघु कलेवर में पाठक को अभिभूत कर दे, ऐसो विशेषता उसे कलात्मक बना देती है। इसमें निबन्धकार से यह अपेक्षा की जातो है कि वह अपनी बात को कैसे प्रस्तुत करता है और उसका पाठक पर कितना और कैसा प्रभाव पड़ता है। आत्मतत्त्व मुखर होने से निबन्धकार को शैली पर भी ध्यान देना पड़ता है।

शैली : निबन्ध का विषय तो कुछ भी हो सकता है परन्तु उसकी महत्ता है शैली की या अभिव्यक्ति की। शैली साहित्य या निबन्ध का बाह्य पक्ष है। व्यक्ति प्रधान होने के कारण निबन्ध में शैली का विशेष महत्त्व है। इस बाह्य पक्ष में लेखक की अन्तरंग प्रवृत्ति परिलक्षित होती है। लेखक की विचार-पद्धति व अभिव्यंजना रीति के अनुसार स्थूल रूप में शैली के दो भेद किये हैं—समास शैली व व्यास शैली। समास शैली में वक्तव्य को अत्यन्त संक्षेप में किन्तु प्रभावी ढंग से कहने की प्रवृत्ति दिखाई पड़ती है। और व्यास शैली में वक्तव्य को अच्छी तरह समझा कर कहने की

आत्मपरक : 'निजात्मक' निबन्ध का एक अन्य प्रकार भी है जो विचारात्मक या भावात्मक की सीमा में नहीं आता। भावात्मक या विचारात्मक निबन्ध में भी कलाकार अपने व्यक्ति की प्रतिष्ठा करता है। पर इसमें उसका व्यक्ति अपने व्यक्ति की प्रतिष्ठा करता है पर इसमें उसका व्यक्ति रहते हुए भी, वह बहुत कुछ अलग ही रह सकता है अर्थात् इसके आकार में उमड़ते विचारों व भावों पर अन्य किसी का लेबिल भी लगाया जा सकता है परन्तु आत्मपरक निबन्ध में किसी का लेबिल नहीं लगाया जा सकता– वह इतना निजात्मक या आत्मपरक है कि उसका व्यक्ति पृथक् ही रहेगा। ऐसे निबन्ध को वैयक्तिक भी कहा जाता है। और स्पष्ट रूपरेखा लेकर उपस्थित होता है कि वह किसी अन्य का बन ही नहीं सकता। अपनी बात कहकर वह सबकी सहानुभूति प्राप्त कर लेता है। आत्मपरक निबन्धों में अपनी व्यक्तिगत, सम्बन्धियों का मिलन-बिछोह, निर्धनता

का विवेचन रहता है, भौतिक जीवन से ऐसे निबन्धों का सम्बन्ध है। आत्मपरक निबन्धों में निबन्धकार का 'निज' ही विश्व का बनता है।

तत्त्व : निबन्ध के विभिन्न प्रकारों व परिभाषाओं तथा स्वरूप के आधार पर कुछ तत्त्वों का निर्धारण किया जा सकता है–

एकान्विति : निबन्ध में एक विषय के अनेक पक्षों का विवेचन-विश्लेषण हो सकता है। निबन्ध किसी विषय को खण्ड-खण्ड करके देखता है परन्तु इस खंडात्मकता में एकसूत्रता का, एकान्विति का–अनेकता में एकता का होना अनिवार्य है। निबन्ध का सम्पूर्ण ताना-बाना एक केन्द्र बिन्दु से आरम्भ होकर विकसित होता चला जाता है। अतः उसमें प्रवृत्ति रहती है। प्रथम शैली विचारात्मक निबन्धों की गम्भीरता के अनुरूप है। लेखक अपने पाठक को अपने समान ही बौद्धिक धरातल पर ले जाता है, उसकी ग्रहण-शक्ति में विश्वास लेकर चलता है और दूसरे में लेखक अध्यापक की भूमिका में आ जाता है। वह अपनी बात को विस्तार से कहता है। वर्णनात्मक निबन्धों में प्रायः व्यास शैली का प्रयोग किया जाता है। भावात्मक निबन्धों में दोनों का ही प्रयोग रहता है। शुक्ल जी के विचारात्मक निबन्धों की शैली विवेचनात्मक है। विवेचन में तर्क-वितर्क निबन्धों की शैली विवेचनात्मक है। विवेचन में तर्क-वितर्क, प्रमाण-पुष्टि व्याख्या सभी का समावेश आ जाता है। विवेचनात्मक शैली में व्याख्या को अधिक स्थान नहीं मिलता। अपना विचार सबल आस्था, विश्वास व फोर्स के साथ रखना ही इसमें सब कुछ है। शैली की दृष्टि से एक ऐसा निबन्ध भी हमारे सामने आता है जो भावात्मक भी हो सकता है और विचारात्मक भी। शब्दों का चुनाव ऐसा होता है जिनका अर्थ अभिधात्मक नहीं। कम से कम शब्दों का प्रयोग रहता है, वाक्य सरल व संक्षिप्त रहते हैं। ऊपर से मीठा पर स्वाद में तीखा होता है। अर्थ तक पहुँचने के लिए श्लेष का आधार लेना पड़ता है। अर्थ और शब्द की इन विशेषताओं से पूर्ण निबन्ध को व्यंग्यात्मक शैली के अन्तर्गत रखा जा सकता है। इन शैलियों के अतिरिक्त आवेग शैली, विक्षेप शैली, प्रलाप तथा तरंग शैली आदि का भी उल्लेख किया जाता है।

हिन्दी निबन्ध-साहित्य का विकास

हिन्दी साहित्य में निबन्ध का सूत्रपात राष्ट्रीय जागरण के उषःकाल भारतेन्दु युग में हुआ। अब तक गद्य का विकास हो चुका था, दूसरी ओर समाचारपत्र के प्रचलन व मुद्रण यंत्र ने साहित्य की इस विधा को और अधिक विकसित किया। भारतेन्दु युग में भारतीय समाज में एक नई सांस्कृतिक व राजनीतिक चेतना का

उदय हो रहा था। इस नवीन चेतना का प्रतिनिधित्व तत्कालीन पत्र-पत्रिकाएँ कर रही थीं। हिन्दी के प्रारम्भिक निबन्ध छोटे-छोटे लेखों के रूप में इन पत्रिकाओं में प्रकाशित हो रहे थे। अंग्रेजी साहित्य में भी निबन्धों का विकास पत्र-पत्रिकाओं के माध्यम से हुआ। भारतेन्दु युग में हिन्दी में निबन्ध लेखन के क्षेत्र में अप्रत्यक्ष रूप से अंग्रेजी निबन्ध लेखन की परम्पराओं का अनुगमन होता दिखाई पड़ा था, यद्यपि अंग्रेजी का प्रभाव उन पर आंशिक ही था। भारतेन्दु युग से आज तक के निबन्ध साहित्य को भारतेन्दु युग, द्विवेदी युग, शुक्ल युग तथा शुक्लोत्तर युग में विभाजित किया जा सकता है।

भारतेन्दु युग का उदय राष्ट्रीय जागरण के नव सांस्कृतिक चेतना के उन्मेषकाल में हुआ। उस युग के साहित्यकार का दायित्व जहाँ एक ओर समाज सुधार करना था, दूसरी ओर सांस्कृतिक चेतना का विकास भी अभीष्ट था। साहित्य के विविध अंगों का विकास भी इसी युग में हुआ। निबन्ध विधा के द्वारा इन सभी दायित्वों की पूर्ति हो सकती थी। इस युग के निबन्धों में जहाँ विषय व्यापकता है, वहीं उसमें पत्रकारिता के सब गुण विद्यमान हैं। इस युग के निबन्ध–साहित्य में तत्कालीन युग की समग्र चेतना प्रतिबिम्बित हुई है। गद्य के किसी सर्व स्वीकृत रूप के अभाव में भाषा और शैली में एकरूपता का आना उस युग के निबन्धों में कठिन था अतः इस क्षेत्र में वैयक्तिक प्रयोग ही चलते रहे। इस युग में फिर भी खूब निबन्ध लिखे जाते रहे और इस युग के गद्य साहित्य का सबसे विकसित अंग निबन्ध ही है। इस युग के प्रमुख निबन्धकार हैं–भारतेन्दु, बालकृष्ण भट्ट, प्रताप नारायण मिश्र, बदरीनारायण चौधरी प्रेमघन, ज्वाला प्रसाद, अम्बिकादत्त व्यास और राधाचरण गोस्वामी। भारतेन्दु हरिश्चन्द्र सर्वतोमुखी प्रतिभासम्पन्न हिन्दी के प्रथम निबन्धकार हैं। इन्होंने धर्म, समाज, राजनीति, आलोचना, प्रकृति-वर्णन तथा व्यंग्य-विनोद आदि पर सफल निबन्ध लिखे हैं। धार्मिक निबन्धों में अन्धविश्वासों, मिथ्या परम्पराओं व बाह्य आडम्बरों पर तीव्र चोट की है। सामाजिक निबन्धों में कुरीतियों का खुलकर विरोध किया है और राजनीतिक निबन्धों में विदेशी शासन पर व्यंग्य किया है। आत्मीयता, व्यक्तित्व की अभिव्यंजना, मौलिकता, व्यंग्यात्मकता आदि इनके निबन्धों की विशेषताएँ रही हैं। इनके निबन्ध व्याख्यात्मक तथा विचारात्मक शैली में लिखे गये। बालकृष्ण भट्ट प्रगतिशील विचारों के निबन्धकार हैं। इन्होंने सामाजिक, राजनीतिक, मनोवैज्ञानिक, नैतिक व साहित्यिक विषयों पर निबन्ध लिखे और भारतेन्दु की व्याख्यात्मक व विचारात्मक शैली को विकसित किया। इनके नवीन, प्रताप पीयूष तथा प्रताप समुच्चय निबन्ध संग्रह प्रकाशित हुए। बालमुकुन्द

गुप्त उर्दू से हिन्दी में आए अपने व्यंग्यात्मक निबन्ध शिवशम्भु के चिट्ठे के लिए प्रसिद्ध हैं। इनके निबन्धों में अतीत प्रेम के साथ राजनीतिक विचारों की सजगता उभरी है। हिन्दी-भाषा, व्याकरण, लिपि आदि से सम्बन्धित निबन्ध भी इन्होंने लिखे। ज्वालाप्रसाद, तोताराम, रामचरण गोस्वामी तथा अम्बिकादत्त व्यास ने फुटकर रूप में तथा टिपण्णियों के रूप में निबन्ध लिखे। भारतेन्दु युग के निबन्धों में सामयिक परिस्थितियों से जनित अंतरंग प्रेरणा के वश रचे जाने के कारण उनमें मौलिकता है।

द्विवेदी युग में निबन्ध की प्रवृत्ति समालोचनात्मकता की ओर रही। महावीर प्रसाद द्विवेदी ने सर्वप्रथम भाषा के संस्कार व परिष्कार का काम किया। उनका भाषा सम्बन्धी आदर्श था कि हिन्दी को अन्य भाषाओं के शब्दों से सर्वथा अछूता न रखा जाये किन्तु संस्कृत व तत्सम शब्दों का बहिष्कार भी न किया जाये। उनकी इस नीति का तत्कालीन निबन्धों पर स्पष्ट प्रभाव है। द्विवेदी जी नैतिकताप्रिय थे अतः उन्होंने नीतिप्रधान या नैतिक निबन्ध ही अधिक लिखे। इस युग में भारतेन्दु युगीन विषय वैविध्य समाप्त हो गया परन्तु गाम्भीर्य अधिक आ गया। बौद्धिकता की प्रधानता हो गयी और हार्दिकता की कमी आ गयी। 'सरस्वती' के प्रकाशन से हिन्दी में साहित्यिक पत्र-पत्रिकाओं का प्रवर्तन हुआ और निबन्धों में अधिक साहित्यिकता आयी। दूसरी भाषाओं से अनुवाद की परम्परा भी इस युग में आरम्भ हुई। इस युग के प्रमुख निबन्धकार हैं—महावीर प्रसाद द्विवेदी, बाबू श्यामसुन्दर दास, पद्मसिंह शर्मा, मिश्र बन्धु, माधवप्रसाद मिश्र, चन्द्रधर शर्मा 'गुलेरी' तथा सरदार पूर्णसिंह। द्विवेदी जी के निबन्ध ज्ञान राशि का संचित कोश हैं। इन्होंने पाश्चात्य लेखकों के ज्ञान को अर्जित करके अपने निबन्धों द्वारा हिन्दी पाठकों का ज्ञानवर्द्धन किया। इन्होंने बेकन के निबन्धों का अनुवाद भी किया है। इनके निबन्धों में भाषा का शुद्ध रूप है, किन्तु चिन्तन की कमी है। माधवप्रसाद मिश्र के निबन्ध भावनापूर्ण हैं। गुलेरी जी के निबन्ध भी कम हैं। 'मारेसि मोहिं कुठांव' 'कछुआ धर्म' और 'संगीत' आदि निबन्धों में समाज पर व्यंग्य है। सरदार पूर्णसिंह के भावानात्मक निबन्धों में मानवतावादी दृष्टिकोण है। प्रगतिशील तत्त्व भी है। 'आचरण की सभ्यता', 'सच्ची वीरता', 'मजदूरी और प्रेम' इनके प्रसिद्ध निबन्ध हैं। मिश्र बन्धुओं के निबन्ध शिक्षामूलक हैं। बाबू श्यामसुन्दरदास आलोचक होने के साथ-साथ एक अच्छे निबन्धकार भी थे। इनके निबन्धों में विचारसंचय की प्रवृत्ति अधिक है, निजी अनुभूतियों का प्रकाशन कम। द्विवेदी युग के निबन्धों

में विचारों की प्रधानता व गम्भीरता है। उपदेशात्मकता का स्वर इस युग के निबन्धों में हावी हुआ पड़ा है।

रामचन्द्र शुक्ल के नाम से 'शुक्ल युग' कहा जाता है क्योंकि शुक्ल का स्थान हिन्दी निबन्ध परम्परा में शीर्षस्थ है। इनके आगमन से हिन्दी जगत को एक नयी अनुभूति, नए विचार और नयी शैली के दर्शन हुए। इन्होंने मनोवैज्ञानिक, साहित्यिक तथा सैद्धान्तिक सभी प्रकार के निबन्ध लिखे। 'चिन्तामणि' में इनके सभी प्रकार के निबन्ध हैं जिनमें चिन्तन की मौलिकता, विवेचन की गम्भीरता व विश्लेषण की प्रौढ़ता दृष्टिगोचर होती है। विषय व व्यक्ति का सुन्दर समन्वय इनके निबन्धों में है। मनोवैज्ञानिक निबन्ध लोभ, प्रीति, श्रद्धा आदि में सामाजिक व्यावहारिकता, साहित्यिकता व मनोविश्लेषण की सूक्ष्मता भी साथ-साथ चलती है। 'कविता क्या है?' 'साधारणीकरण और व्यक्ति-वैचित्र्यवाद', 'काव्य में लोकमंगल की साधनावस्था' आदि इनके प्रसिद्ध साहित्यिक व सैद्धान्तिक निबन्ध हैं। सूत्र, व्याख्या और निष्कर्ष इनके निबन्धों का सार है। शुक्ल युग के उल्लेखनीय निबन्धकार हैं—बाबू गुलाबराय, पदुमलाल पुन्नालाल बख्शी, वियोगी हरि, वासुदेव शरण अग्रवाल आदि। बाबू गुलाबराय ने साहित्यिक, मनोवैज्ञानिक तथा संस्मरणात्मक निबन्ध लिखे हैं। 'मेरी असफलताएँ' और 'फिर निराशा क्यों' आदि निबन्ध बहुत लोकप्रिय हुए। डॉ. रघुवीर सिंह अपने ऐतिहासिक संस्मरणात्मक लेखों व निबन्धों के लिए प्रसिद्ध हैं। रायकृष्णदास, वियोगी हरि तथा शांतिप्रिय द्विवेदी के निबन्धों में भावात्मकता की प्रधानता है। शुक्ल युग के निबन्धों में विषय-वैविध्य, गम्भींरता व सूक्ष्मता है।

शुक्लोत्तर युग में हजारी प्रसाद द्विवेदी, आचार्य नन्द दुलारे वाजपेयी, डॉ. रामविलास शर्मा, डॉ. नगेन्द्र, जैनेन्द्र, अज्ञेय, धर्मवीर भारती, डॉ. देवराज, नलिनविलोचन शर्मा आदि भी शुक्ल की परम्परा में आते हैं। ये विचार और शैली की दृष्टि से शुक्ल से भिन्न हैं पर जीवन के विषय में जो कुछ कहना है, शुक्ल के समान साहित्य के माध्यम से कहते हैं। साहित्य आलोचनात्मक निबन्ध लेखकों में पन्त, प्रसाद, निराला व महादेवी के नाम भी उल्लेखनीय हैं। इस युग के वर्णनात्मक एवं यात्रा सम्बन्धी निबन्ध लेखकों में स्वामी सत्यदेव, राहुल सांकृत्यायन तथा देवेन्द्र सत्यार्थी के नाम उल्लेखनीय हैं। हजारी प्रसाद द्विवेदी के अनेक निबन्ध संग्रह प्रकाशित हो चुके हैं जैसे 'अशोक के फूल', 'कल्पलता', 'विचार और वितर्क' आदि। इनके निबन्धों में हृदय की सरलता, प्राचीन साहित्य एवं संस्कृत का ज्ञान वैभव, विचारों की मौलिकता एवं शैली की रोचकता का समन्वय दृष्टिगोचर होता है। इन पर रवीन्द्र के मानवतावाद की छाप है।

डॉ. नगेन्द्र के काव्यशास्त्रीय निबन्धों में पाश्चात्य व पौर्वात्य का सन्तुलित समन्वय है। जैनेन्द्र के दार्शनिक व सामाजिक निबन्धों में पर्याप्त मौलिक चिन्तन है। रामविलास शर्मा, शिवदान सिंह चौहान और अमृतराय आदि लेखकों ने प्रगतिशील दृष्टिकोण से निबन्ध लिखे हैं। धर्मवीर भारती, प्रभाकर माचवे, रांगेय राघव आदि के साहित्यिक निबन्ध हिन्दी की अनेक पत्रिकाओं में प्रकाशित होते रहे हैं। इनके अतिरिक्त विद्यानिवास मिश्र तथा कुबेरनाथ राय भी उल्लेखनीय निबन्धकार हैं। हिन्दी निबन्ध-साहित्य उत्तरोत्तर प्रगति कर रहा है। विषय और शैली दोनों ही दृष्टियों से उसमें विविधता आयी है। अभी इसी विधा की समृद्धि निरन्तर हो रही है। वस्तुतः विचारसम्पन्न लेखक के लिए निबन्ध अभिव्यंजना का सर्वाधिक समर्थ माध्यम है। आधुनिक हिन्दी निबन्ध साहित्य के विकास की गतिविधियों पर दृष्टिपात करते हुए कहा जा सकता है कि अल्पकाल में यह विधा अत्यधिक समृद्ध हुई है।

अनुक्रम

बालकृष्ण भट्ट

डॉ. सत्यप्रकाश मिश्र ने बालकृष्ण भट्ट का जन्म 3 जून, सन् 1843 और देहावसान 20 अगस्त, 1914 माना है। लेकिन अन्यत्र (डॉ. मधुकर भट्ट के मतानुसार) शोधपरक पुष्टि के आधार पर उनका जन्म 23 जून, 1844 ई. और देहावसान 20 जुलाई, 1914 ई. को माना गया है। स्थान अहियापुर मुहल्ला, प्रयाग, इलाहाबाद। वंश गुरु सांदीपनि का। पूर्वजों के यहाँ धन-धान्य का प्राचुर्य था। पिता बेनीप्रसाद भट्ट और माता पार्वती देवी थी। वैद्य और पौरोहित्य के काम के लिए विख्यात नाना अनन्तराम मिश्र दुलार से 'फुशुन' पुकारते थे। पिता व्यापारिक रुचि के व्यक्ति थे। बालकृष्ण को भी वे व्यापार में ही लगाना चाहते थे। लेकिन उनमें नाना के संस्कार अधिक थे। माता पार्वती देवी एक पढ़ी-लिखी समझदार महिला थीं। वे बालकृष्ण को संस्कृत पढ़ाती थीं। कुशाग्र बुद्धि बालक ने 12 वर्ष की उम्र में ही अमरकोश तथा लघु सिद्धान्त कौमुदी कण्ठस्थ कर ली थी। पिता ने बालक को दुकान की ओर खींचने का प्रयत्न जारी रखा। लेकिन दुकान के नाम से ही बालक का दम घुटता था। आखिर दुकान से बालक भाग आया और फिर कभी न गया। पिता की रुचि के विपरीत माता ने बालक को पाठशाला भेजा। बचपन से ही कथा सुनने, कबूतर पालने और बागवानी के शौक थे। प्रकृति विनोदी थी। माँ स्वर्ग सिधार गयी तो लालन-पालन का भार मौसी पर आ पड़ा जिनके घर की अवस्था अच्छी न थी। इतना तेल तक सुलभ न था कि बालकृष्ण पढ़ पाता। फिर भी अध्ययन चलता रहा। संस्कृत के साथ अंग्रेजी पढ़ने के लिए तो माँ ने ही प्रेरित किया। मिशन स्कूल में इन्ट्रेन्स तक अध्ययन किया। लेकिन माँ की मृत्यु के बाद जैसे आर्थिक कष्ट से घिरे रहना इनकी नियति बन गयी। कम रुपयों पर नौकरी भी की।

इनके छोटे भाई बालमुकुन्द थे। उनकी रुचि व्यापार में थी। अतः पिता के प्रिय बने। इधर इनकी तथाकथित 'आवारागर्दी' पर रोक लगाने के लिए

इनका विवाह 12 वर्ष की आयु में ही कर दिया गया। पत्नी रमादेवी (रमदेई) एक सीधी-सादी, सुशील, गम्भीर और पतिपरायण महिला निकलीं। घरवाले पति बालकृष्ण भट्ट को निखट्टू समझते ही थे सो साझे में रहते हुए सारा क्रोध बेचारी पत्नी चुपचाप सह लेती। डॉ. मधुकर भट्ट के अनुसार, "भट्ट जी के निबन्धों आदि में नारी के प्रति जो सम्मान-भावना और जर्जर रूढ़ियों की चक्की के बीच पिसने वाली नारी के प्रति सहज सहानुभूति तथा स्त्री जाति को अपने स्वार्थ-सिद्धि के लिए परवश और दासी बनाने वाले पुरुष समाज के प्रति तीक्ष्ण आक्रोश मिलता है उसकी प्रेरणा आपको बहुत कुछ अपने पारिवारिक वातावरण से ही मिली थी। अनेक अभावों के बीच अपने कर्तव्य-मार्ग में भट्ट जी को लगाये रखने का बहुत कुछ श्रेय इनकी मनस्विनी अर्द्धांगिनी को भी था।" संयुक्त परिवार में बालकृष्ण के छोटे भाई का कहीं अधिक आदर था। उनका विवाह भी धूमधाम से हुआ था। छोटी बहू घर में रमा देवी और पति बालकृष्ण के लिए और भी कष्टों और व्यंग्य बाणों का उपहार लेकर आयी। नित्य झगड़े होते, रमादेवी पर अकारण अत्याचार होता। बालकृष्ण मात्र 25 रुपये मासिक की अध्यापकी करते जिसका पिता के सामने उतना ही महत्त्व था जितना सूर्य के आगे दीपक का। एक तो कमाने-धमाने में 'निखट्टू' और दूसरे आँग में घी की तरह इनके बढ़ते हुए क्रान्तिकारी विचार, जैसे बाल्य-विवाह का विरोध, विधवा विवाह का समर्थन, स्त्री-शिक्षा को बढ़ावा और रूढ़ियों का विरोध। कटु और विषाक्त वातावरण में वैवाहिक जीवन के 15 वर्ष बीत गये। बच्चे हुए लेकिन उनकी भी दुर्गति ही हुई। आखिर हृदय पर, भावज के गहरे आघात ने काम किया और भाई तथा पिता के सहानुभूतिविहीन नेत्रों के सामने अपनी पत्नी और बच्चों के साथ घर त्याग दिया। फिर क्या-क्या पापड़ नहीं बेले। तो भी पिता के लिए मन में सदैव आदर रहा। पिता और भाई ने लाखों रुपये कमाये लेकिन बालकृष्ण भट्ट ने जो तीन वर माँगे थे उनमें से एक था—'पैतृक सम्पत्ति में से एक पैसा भी हमें न मिले।' मित्र वर्ग से इन्हें सहारा और ढाढस अवश्य मिलता रहा। जीवन के इस सन्दर्भ में भट्ट जी के संयुक्त कुटुम्ब विरोधी विचारों को देखना उपयुक्त होगा। वे संयुक्त कुटुम्ब को आत्मनिर्भरता का शत्रु मानते थे। उन्होंने 'हिन्दी प्रदीप' के जुलाई-अगस्त 1889 के अंक में लिखा है, "यदि हम स्वतन्त्र हुआ चाहें तो पहले समाज बन्धन के बोझ को हल्का करें जो सर्वथा बेबुनियाद है और जिसके रहते हमारे में कर्मण्यता और साहस कभी आवेगा ही नहीं। पारिवारिक एकन्नवर्धिता (ज्वाइंट फेमिली) आत्मनिर्भर और स्वतन्त्रता अपहरण का प्रधान कारण है।

कुटुम्ब भर का एक ही मकान में गँजे रहने की बुरी रस्म को जब तक हम पालते रहेंगे तब तक आत्मनिर्भरता हमारे में कभी आवेगी ही नहीं। हमारे लोगों के अन्धे माँ-बाप (अगर) जान-बूझकर अपने लड़के को पर भाग्योपजीवी बना देते हैं। बाप-माँ यदि अपनी सन्तान को पूरी उमर भर आ जाने से उन्हें अलग कर दें और तभी उनका विवाह किया करें...उसके बोझ से अपने को हल्का कर डालें तो दोनों सुखी रहें।" बहरहाल, जैसे-तैसे जीवन-यापन के लिए कार्य चलते रहे लेकिन अध्ययन की अपनी राह उन्होंने कभी न छोड़ी। भाषाएँ भी सीखीं, ज्योतिष आदि का भी ज्ञान प्राप्त किया। 1908 में देश प्रेम और राष्ट्रीयता के कारण नौकरी को भी त्यागना पड़ा। 'हिन्दी प्रदीप' का सम्पादन तो सन् 1877 ई. में ही आरम्भ कर चुके थे। इनके निबन्धों का वास्तविक स्रोत 'हिन्दी-प्रदीप' के अंक ही हैं।

निबन्ध सार : साहित्य जनसमूह के हृदय का विकास है

भारतेन्दु मण्डल के निबन्धकारों का महत्त्वपूर्ण उद्देश्य था साहित्य को जनता से जोड़ना। कालान्तर में प्रेमचन्द ने साहित्य को समाज के आगे चलने वाली मशाल कहा। तत्कालीन समाज में यह बहुत आवश्यक था कि समाज परिवर्तन क्रान्ति तथा जागरण के लिए जनसाधारण आन्दोलित हो। इसमें साहित्य की भूमिका निर्णायक हो सकती है यह जनता के हृदय से जुड़कर ही हो सकता है। इसी कारण बालकृष्ण भट्ट ने साहित्य का जनसमूह के हृदय का विकास कहा है।

बालकृष्ण भट्ट प्रस्तुत निबन्ध में यह स्थापना देते हैं कि साहित्य जनता के हृदय का आदर्श रूप होता है कि प्रत्येक देश, समाज व संस्कृति में सर्वमान्य है। जिस प्रकार हमारी मानसिक स्थिति के कारण हमारा मुख, वाणी, स्वर, देह, शब्द आदि प्रफुल्लित अथवा विषादग्रस्त होते हैं उसी प्रकार जनता के भावों, विचारों, सपनों, आकांक्षाओं, संघर्षों तथा मनःस्थितियों का अंकन साहित्य में होता है। एक प्रकार से साहित्य को जनसमूह के चित्त यानी मन का चित्रपट कहा जा सकता है। कौम, जाति, समाज और देश के शुद्ध इतिहास तथा जातीय-चेतना के इतिहास में भेद होता है।

इस निबन्ध में भट्ट जी पुराने भारतीय वैदिक/संस्कृत साहित्य से लेकर प्राकृत भाषाओं से होते हुए परवर्ती अपभ्रंशों तथा अवान्तर प्रान्तीय भाषाओं एवं हिन्दी के भाषिक समाजों का अत्यन्त भव्य विश्लेषण-विवेचन प्रस्तुत करते हैं।

भारत की अवनति का विहंगावलोकन करते हुए भट्ट जी समकालीन समाज व पाठकों की चेतना को झकझोरते हैं।

भट्ट जी बताते हैं कि किस प्रकार भारतीय समाज वैदिक देवी-देवताओं एवं वैदिक युगीन प्राकृतिक शक्तियों के सहज, सरल, जिज्ञासात्मक भावन-अनुभावन से आगे बढ़ते हुए भौतिक एवं आत्मिक विकास के साथ-साथ विचार-संकुल होता चला गया। समाज में चिन्तन के बाद स्मृति एवं संहिता-साहित्य आ गया। राजनीतिक, प्रशासनिक, व्यवस्थामूलक सूत्रों की रचना हुई, दर्शन ग्रन्थ अस्तित्व में आये। संस्कृत दो खण्डों में बँट गयी वैदिक संस्कृत तथा लौकिक संस्कृत। रामायण काल, महाभारत काल तथा बाद में पुराण युग के पश्चात काव्य-काल और अलंकार युग का साहित्य रचा गया। यह समस्त साहित्य अपने-अपने काल खण्डों में समाज की विकासपरक, भावपरक, व्यवहारगत, कर्मगत स्थितियों को बोलकर सामने रख देता है। साथ ही यह साहित्य भारतीय चेतना के विकास का एक समेकित परिचय भी देता चलता है। इन अर्थों में यह एक विचारपरक निबन्ध है।

प्रस्तुत निबन्ध की भाषा तत्सम प्रधान है। कहीं-कहीं तद्‌भव एवं देशज-विदेशज का भी अत्यन्त सटीक, सार्थक एवं मार्मिक प्रयोग है।

साहित्य जनसमूह के हृदय का विकास है

●

बालकृष्ण भट्ट

प्रत्येक देश का साहित्य उस देश के मनुष्यों के हृदय का आदर्श रूप है। जो जाति जिस समय जिस भाव से परिपूर्ण या परिलुप्त रहती है वे सब उसके भाव उस समय के साहित्य की समालोचना से अच्छी तरह प्रगट हो सकते हैं। मनुष्य का मन जब शोक-संकुल, क्रोध से उद्दीप्त, या किसी प्रकार की चिन्ता से दोचित्ता रहता है तब उसकी मुखच्छवि तमसाच्छन्न, उदासीन और मलिन रहती है; उस समय उसके कंठ से जो ध्वनि निकलती है वह भी या तो फुटही ढोल समान बेसुरी, बेताल, बेलय या करुणापूर्ण, गद्गद, तथा विकृत-स्वर-संयुक्त होती है। वही जब चित्त आनन्द की लहरी से उद्वेलित हो नृत्य करता है और सुख की परंपरा में मग्न रहता है उस समय मुख विकसित कमल-सा प्रफुल्लित, नेत्र मानो हँसता-सा, और अंग-अंग चुस्ती और चालाकी से फिरहरी की तरह फरका करते हैं; कंठध्वनि भी तब वसंत-मदमत्त कोकिला के कंठरव से भी अधिक मीठी और सोहावनी मन को भाती है। मनुष्य के सम्बन्ध में इस अनुल्लंघनीय प्राकृतिक नियम का अनुसरण प्रत्येक देश का साहित्य भी करता है, जिसमें कभी को क्रोधपूर्ण भयंकर गर्जन, कभी को प्रेम का उच्छ्वास, कभी को शोक और परितापजनित हृदय-विदारी करुणानिस्वन, कभी को वीरता गर्व से बाहुबल के दर्प में भरा हुआ सिंहनाद, कभी को भक्ति के उन्मेष से चित्त की द्रवता का परिणाम अश्रुपात आदि अनेक प्रकार के प्राकृतिक भावों का उद्गार देखा जाता है। इसलिए साहित्य यदि जनसमूह (Nation) के चित्त का चित्रपट कहा जाय तो संगत है। किसी देश का इतिहास पढ़ने से केवल बाहरी हाल हम उस देश का जान सकते हैं पर साहित्य के अनुशीलन से कौम के सब समय-समय के आभ्यन्तरिक भाव हमें परिस्फुट हो सकते हैं।

हमारे पुराने आर्यों का साहित्य वेद है। उस समय आर्यों की शैशवावस्था थी, बालकों के समान जिनका भाव, भोलापन, उदार भाव, निष्कपट व्यवहार, वेद के साहित्य को एक विलक्षण तथा पवित्र माधुर्य प्रदान करते हैं। वेद जिन महापुरुषों के हृदय का विकास था वे लोग मनु और याज्ञवल्क्य के समान समाज के आभ्यन्तरिक भेद, वर्ण-विवेक आदि के झगड़ों में पड़ समाज की उन्नति या अवनति की तरह-तरह की चिन्ता में नहीं पड़े थे; कणाद या कपिल के समान अपने-अपने शास्त्र के मूलभूत बीजसूत्रों को आगे कर प्राकृतिक पदार्थों के तत्त्व की छान में दिन-रात नहीं डूबे रहते थे; न कालिदास, भवभूति, श्रीहर्ष आदि कवियों के सम्प्रदाय के अनुसार वे लोग कामिनी के विभ्रम-विलास और लावण्य लीला-लहरी में गोते मार-मार प्रमत्त हुए थे। प्रातःकाल उदयोन्मुख सूर्य की प्रतिभा देख उनके सीधे-सादे चित्त ने बिना कुछ विशेष छानबीन किये इसे अज्ञात और अजेय शक्ति समझ लिया। इसके द्वारा वे अनेक प्रकार का लाभ देख कानन-स्थित-विहंग-कूजन समान कलकल रव से प्रकृति की प्रभात वन्दना का साम गाने लगे; जल-भार-नत श्यामला मेघमाला का नवीन सौन्दर्य देख पुलकित गात्र हो कृतज्ञता-सूचक उपहार की भाँति स्तोत्र का पाठ करने लगे; वायु जब प्रबल वेग से बहने लगी तो उसे भी एक ईश्वरीय शक्ति समझ उसको शान्त करने को वायु की स्तुति करने लगे इत्यादि। वे ही सब ऋक् और साम की पावन ऋचाएँ हो गयीं। उस समय अब के समान राजनीतिक अत्याचार कुछ न था इसी से उनका साहित्य राजनीति की कुटिल उक्ति युक्ति से मलिन नहीं हुआ था। नये आये हुए आर्यों की नूतन ग्रथित समाज के संस्थापन में सब तरह की अपूर्णता थी सही पर सब का निर्वाह अच्छी तरह होता जाता था; किसी को किसी कारण से किसी प्रकार का अस्वास्थ्य न था; आपस में एक-दूसरे के साथ अब का सा बनावट का कुटिल बर्ताव न था। इसलिए उस समय के उनके साहित्य वेद में भी कृत्रिम भक्ति, कृत्रिम सौहार्द, कपट वृत्ति, बनावट और चुनाचुनी ने स्थान नहीं पाया। उन आर्यों का धर्म अबके समान गला घोंटनेवाला न था। सबके साथ सब की खान-पान द्वारा सहानुभूति रहती थी। उनके बीच धार्मिक मनुष्य अब के धर्मध्वजियों के समान दांभिक बन महाव्याधि सदृश लोगों के लिए गलग्रह न थे। सिधाई, भोलापन और उदारभाव उनके साहित्य के एक-एक अक्षर से टपक रहा है। एक बार महात्मा ईसा एक सुकुमारमति बालक को अपने गोद में बैठाकर अपने शिष्यों की ओर इशारा करके बोले कि जो कोई छोटे बालकों के समान भोला न बने उसका स्वर्ग के राज्य में कुछ अधिकार नहीं है। हम भी कहते हैं जो

सुकुमार-चित्त वेदभाषी इन आर्यों की तरह पद-पद में ईश्वर का भय रख, प्राकृतिक पदार्थों के सौन्दर्य पर मोहित हो, बालकों के समान सरलमति न हो उसका स्वर्ग के राज्य में प्रवेश करना अति दुष्कर है।

इन्हीं प्राकृतिक पदार्थों का अनुशीलन करते-करते इन आर्यों को ईश्वर के विषय में जो-जो भाव उदय हुए वे ही सब एक नये प्रकार का साहित्य उपनिषद् के नाम स कहलाये। जब इन आर्यों का समाज अधिक बढ़ा और लोगों की रीति-नीति और बर्ताव में विभिन्नता होती गयी तब सबों को एकता के सूत्र में बद्ध रखने के लिए और अपने-अपने गुण कर्म से लोग चल-विचल हो सामाजिक नियमों को जिसमें किसी प्रकार की हानि न पहुँचावें इसलिए स्मृतियों के साहित्य का जन्म हुआ। मनु, अत्रि, हारीत, याज्ञवल्क्य आदि ने अपने-अपने नाम की संहिता बना विविध प्रकार के राजनीतिक, सामाजिक और धर्म-सम्बन्धी विषयों का सूत्रपात किया। इन्हीं के समकालीन गौतम, कणाद, कपिल, जैमिनि, पतंजलि आदि हुए जिन्होंने अपने-अपने सोचने का परिणाम रूप दर्शन शास्त्रों की बुनियाद डाली। यहाँ तक जो साहित्य हुए यद्यपि वेद की भाषा का अनुकरण उनमें होता गया परंतु नित्य नित्य उनकी भाषा अधिक-अधिक सरल, कोमल और परिष्कृत होती गयी। तथापि इनकी गणना वैदिक भाषा में ही की जाती है। इन स्मृतियों और आर्ष ग्रन्थों की भाषा को हम वैदिक और आधुनिक संस्कृत के बीच की भाषा कह सकते हैं। अब से संस्कृत के दो खंड होते चले जो वेद तथा लोक के नाम से कहे जाते हैं। पाणिनि के सूत्रों में, जो संस्कृत पाठियों के लिए कामधेनु का काम दे रहे हैं और जिनसे वैदिक और लौकिक सब प्रयोग सिद्ध होते हैं, लोक और वेद की निरख अच्छी तरह की गयी है। और इसी वेद और लोक के अलग-अलग भेद से साबित होता है कि संस्कृत किसी समय प्रचलित भाषा थी जो लोगों के बोलचाल के बर्ताव में लाई जाती थी।

वेद के उपरान्त रामायण और महाभारत साहित्य के बड़े-बड़े अंग समझे गये। रामायण के समय भारतीय सभ्यता का प्रेमोच्छ्वास-परिप्लावित नूतन यौवन था; किन्तु महाभारत के समय भारतीय सभ्यता क्षतिग्रस्त हो वार्द्धक्य भाव को पहुँच गयी थी। रामायण के प्रधान पुरुष रघुकुलावतंस श्री रामचन्द्र थे और भारत के प्रधान पुरुष बुद्धि की तीक्ष्णता के रूप, कूट-युद्ध विशारद, भगवान् वासुदेव श्रीकृष्ण या उनके हाथ की कठपुतली युधिष्ठिर थे। रामायण के समय से भारत के समय में लोगों के हृद्गत भाव में कितना अन्तर हो गया था कि रामायण में दो प्रतिद्वन्द्वी भाई इस बात के लिए विवाद कर रहे थे कि यह

समस्त राज्य और राज्य-सिंहासन हमारा नहीं है यह सब तुम्हारे ही हाथ में रहे, अन्त में रामचन्द्र ने भरत को विवाद में पराभूत कर समस्त साम्राज्य उनके हस्तगत कर आप आनन्द-निर्भर-चित्त हो सपत्नीक वनवासी हुए। वही महाभारत में दो दायाद भाई इस बात के लिए कलह करने पर सन्नद्ध हुए कि जितने में सूई का अग्रभाग ढँक जाय इतनी पृथ्वी भी बिना युद्ध के हम न देंगे "सूच्यग्रं नैव दास्यामि विना युद्धेन केशव"। परिणाम में एक भाई दूसरे पर जय लाभ कर तथा जंघा में गदाघात और मस्तक पर पदाघात से उसका वध कर भाई के राज्यसिंहासन पर आरूढ़ हो सुख में फूल अनेक तरह के यज्ञ और दान में प्रवृत्त हुआ। रामायण और महाभारत के आचार्य क्रम से कविकुलगुरु वाल्मीकि और व्यास थे। पृथ्वी के और और देशों में इनके समान या इनसे बढ़कर कवि नहीं हुए ऐसा नहीं है। यूनान देश में होमर, रूम देश में वर्जिल, इटली में डेण्टी, इंग्लैंड में चासर और मिल्टन अपनी-अपनी असाधारण प्रतिभा से मनुष्य जाति का गौरव बढ़ाने में कुछ कम न थे। परन्तु विचित्र कल्पना और प्रकृति के यथार्थ अनुकरण में चिरंतन वृद्ध वाल्मीकि के समान होमर तथा मिल्टन किसी अंश में नहीं बढ़ने पाये, जिनकी कविता के प्रधान नायक श्री रामचन्द्र आर्य जाति के प्राण, दया के अमृतसागर, गाम्भीर्य और पौरुष दर्प की मानो सजीव प्रतिकृति थे। वे प्रीति और समभाव से महा नीच जाति चांडाल तक को गले से लगाते थे। उन्होंने लंकेश्वर से प्रबल प्रतिद्वन्द्वी शत्रु को भी कभी तृण के बराबर भी नहीं समझा। स्वर्णमंडित सिंहासन और तपोवन में पर्णकुटी उन्हें एक-सी सुखकारी हुई। उनके स्मतपूर्वाभिभाषित्व और उनकी बोलचाल की मुग्धमाधुरी पर मोहित हो दण्डकारण्य की असभ्य जाति ने भी अपने को उनका दास माना। अहा! धन्य श्री रामचन्द्र का अलौकिक माहात्म्य, धन्य वाल्मीकि की कल्पना-सरसी जिसमें ऐसे-ऐसे स्वर्णकमल प्रस्फुटित हुए।

काल के परिवर्तन की कैसी महिमा है जो अपने साथ ही साथ मानुषी प्रकृति के परिवर्तन पर भी बहुत कुछ असर पैदा कर देता है। वाल्मीकि ने जिन-जिन बातों को अवगुण समझ अपनी कल्पना के प्रधान नायक रामचन्द्र में बरकाया था वे ही सब व्यास के समय में गुण हो गयीं, जिनकी कविता का मुख्य लक्ष्य यही था कि अपना मान, अपना गौरव, अपना प्रभुत्व जहाँ तक हो सके न जाने पावे। भारत के हर एक प्रसंग का तोड़ अन्त में इसी बात पर है। शत्रु-संहार और निज कार्य-साधननिमित्त व्यास ने महाभारत में जो-जो उपदेश दिये हैं और राजनीति की काट-ब्योंत जैसी-जैसी दिखायी है उसे सुन बिस्मार्क सरीखे इस समय के राजनीति के मर्म में कुशल राजपुरुषों

की अकिल भी चरने चली जाती होगी। इससे निश्चय होता है कि प्रभुत्व और स्वार्थसाधन तथा प्रवंचना परवश भारतवर्ष उस समय कहाँ तक उदार भाव, समवेदना आदि उत्तम गुणों से विमुख हो गया था। युधिष्ठिर धर्म के अवतार और सत्यवादी प्रसिद्ध हैं, पर उनकी सत्यवादिता निज कार्य साधन के समय सब खुल गयी। 'अश्वत्थामा हतः नरो वा कुञ्जरो वा' इत्यादि कितने उदाहरण इस बात के हैं विस्तार भय से नहीं लिखते।

महाभारत के उपरान्त भारत और का और ही हो गया। इसकी दशा के परिवर्तन के साथ ही साथ इसके साहित्य में भी बड़ा परिवर्तन हो गया। उपरान्त बौद्धों का जोर हुआ। ये सब वेद और ब्राह्मणों के बड़े विरोधी थे। वेद की भाषा संस्कृत थी इसलिए इन्होंने संस्कृत को बिगाड़ प्राकृत भाषा जारी की। तब से संस्कृत सर्वसाधारण के बोलचाल की भाषा न रही। फिर भी संस्कृत-भाषी उस समय बहुत से लोग थे, जिन्होंने इस नयी भाषा को प्राकृत नाम दिया जिसके अर्थ ही यह हैं कि प्राकृत अर्थात् नीचों की भाषा। अतएव संस्कृत नाटकों में नीच पात्र की भाषा प्राकृत और उत्तम पात्र ब्राह्मण या राजा आदि की भाषा संस्कृत रखी गयी है। कुछ काल उपरान्त यह भाषा भी बहुत उन्नति को पहुँची। शौरसेनी, महाराष्ट्रीय, मागधी, अर्धमागधी, पैशाची आदि इसके अनेक भेद हैं। इसमें भी बहुत से साहित्य के ग्रन्थ बने। गुणाढ्य कवि का आर्यावद्ध लक्षश्लोक का ग्रन्थ बृहत्कथा प्राकृत ही में है। सिवा इसके शालिवाहन-सप्तशती आदि कई एक उत्तम प्राकृत के ग्रन्थ और भी मिलते हैं। नन्द और चन्द्रगुप्त के समय इस भाषा की बड़ी उन्नति की गयी। जैनियों के सब ग्रन्थ प्राकृत ही में हैं; उनके स्तोत्र पाठ आदि भी सब इसी में हैं। इससे मालूम होता है कि प्राकृत किसी समय वेद की भाषा के समान पवित्र समझी गयी थी।

संस्कृत यद्यपि बोलचाल की भाषा इस समय न रह गयी थी, पर हर एक विषय के ग्रन्थ इसमें एक से एक बढ़ चढ़कर बनते गये और साहित्य की तो यहाँ तक तरक्की हुई कि कालिदास आदि कवियों की उक्ति युक्ति के मुकाबिले वेद का भद्दा और रूखा साहित्य अत्यन्त फीका मालूम होने लगा। कालिदास की एक-एक उपमा पर और भवभूति, भारवि, श्रीहर्ष, बाण की एक-एक छटा पर वेद के उमदा से उमदा सूक्त, जिनमें हमारे पुराने आर्यों ने मरपच साहित्य की बड़ी भारी कारीगरी दिखलाई है, न्योछावर हैं। संस्कृत के साहित्य के लिए विक्रमादित्य का समय 'अगस्टन पीरियड' कहलाता है अर्थात् उस समय संस्कृत, जहाँ तक उसके लिए परिष्कृत होना सम्भव था,

अपनी पूर्ण सीमा तक पहुँच गयी थी। यद्यपि भारवि, माघ, मयूर प्रभृति कई एक उत्तम कवि धाराधिपति भोजराज के समय तक और उनके उपरान्त भी जगन्नाथ पंडितराज तक बराबर होते ही गये किन्तु संस्कृत के परिष्कृत होने की सामग्री उस समय तक पूरी हो चुकी थी। भोज का समय तो यहाँ तक कविता की उन्नति का था कि एक-एक श्लोक के लिए असंख्य इनाम राजा भोज कवियों को देते थे। वेद का साहित्य उस समय यहाँ तक दूब गया था कि छान्दस मूर्ख की एक पदवी रक्खी गयी थी। केवल पाठ-मात्र वेद जानने वाले छान्दस कहलाते थे और वे अब तक भी निरे मूर्ख होते आये हैं।

बौद्धों के उच्छेद के उपरान्त एक जमाना पुराण के साहित्य का भी हिन्दुस्तान में हुआ। उस समय बहुत से पुराण, उपपुराण और संहिताएँ दो ही चार सौ वर्ष के हेर-फेर में रची गयीं। अब हम लोगों में जो धर्मशिक्षा, समाजशिक्षा और रीति-नीति प्रचलित है वह सब शुद्ध वैदिक एक भी नहीं है। थोड़े से ऐसे लोग हैं जो अपने को स्मार्त मानते हैं, उनमें तो अलबत्ता अधिकांश वेदोक्त कर्म का यत्किंचित प्रचार पाया जाता है। सो भी केवल नाममात्र को, पुराण उसमें भी बीच-बीच आ घुसा है। हमारी विद्यमान छिन्न-भिन्न दशा, जिसके कारण हज़ार-हज़ार चेष्टा करने पर भी जातीयता हमारे में आती ही नहीं, सब पुराण ही की कृपा है। जब तक शुद्ध वैदिक साहित्य हम लोगों में प्रचलित था तब तक जातीयता के दृढ़ नियमों में जरा भी अन्तर नहीं होने पाया था। पुराणों के साहित्य के प्रचार से एक बड़ा लाभ भी हुआ कि वेद के समय की बहुत-सी घिनौनी रीतियों और रस्मों को, जिनके नाम लेने से भी हम घिना उठते हैं और उन सब महाघोर हिंसाओं को, जिनके सबब से अपने अहिंसा धर्म के प्रचार करने में बौद्धों को सुविधा हुई थी, पुराणकर्ताओं ने उठाकर शुद्ध सात्विकी धर्म को विशेष स्थापित किया। अनेक मतमतान्तरों का प्रचार भी पुराणों ही की करतूत है। पुराण वाले तो पंचायतन पूजन ही तक से सन्तोष करके रह गये। तंत्रों ने बड़ा संहार किया। उन्होंने अनेक क्षुद्र देवता भैरों, काली, डाकिनी, शाकिनी, भूत, प्रेत तक के पूजन को फैला दिया। मद्य-मांस के प्रचार को, जिसे बौद्धों ने तमोगुणी और मलिन समझ उठा दिया था, तांत्रिकों ने फिर बहाल किया। पर बलवीर्य की पुष्टता से, जो मांसाहार का प्रधान लाभ था, ये लोग फिर भी वंचित ही रहे। निःसन्देह तांत्रिकों की कृपा न होती तो हिन्दुस्तान ऐसा जल्द न डूबता। वेद के अधिकारी शुद्ध ब्राह्मण के लिए तांत्रिक दीक्षा या तंत्र मंत्र अति निषिद्ध हैं। ब्राह्मण तंत्र के पठन-पाठन से बहुत जल्द पतित हो सकता है यह जो किसी स्मृतिकार का मत है हमें

भी कुछ-कुछ सयुक्तिक मालूम होता है। बहुत से पुराण तंत्रों के बाद बने। उनमें भी तांत्रिकों का सिद्धान्त पुष्ट किया गया है।

हम ऊपर लिख आये हैं कि हिन्दू जाति में कौमियत के छिन्न-भिन्न होने का सूत्रपात पुराणों के द्वारा हुआ और तंत्रों ने उसे बहुत ही पुष्ट किया। शैव, शाक्त, वैष्णव, जैन, बौद्ध इत्यादि अनेक जुदे-जुदे फिरके हो गये जिनमें इतना दृढ़ विरोध कायम हुआ कि एक-दूसरे के मुँह देखने के रवादार न हुए तब परस्पर का एका और सहानुभूति कहाँ रही। जब समस्त हिन्दू जाति की एक वैदिक सम्प्रदाय न रही तो वही मसल चरितार्थ हुई कि "एक नारि जब दो से फँसी जैसे सत्तर वैसी अस्सी"। हमारी एक हिन्दू जाति के असंख्य टुकड़े होते-होते यहाँ तक खंड हुए कि अब तक नये-नये धर्म और मत प्रवर्तक होते ही जाते हैं। ये टुकड़े जितना वैष्णवों में अधिक हैं उतना शैव शाक्तों में नहीं और आपस में एक का दूसरे के साथ मेल और खानपान जितना कम इनमें है उतना औरों में नहीं। राम के उपासक कृष्ण के उपासक से लड़ते हैं, कृष्ण के उपासक रामोपासकों से इत्तिफाक नहीं रखते। कृष्णोपासकों में भी सत्यानासिन अनन्यता ऐसी आड़े आयी है कि यह इनके आपस ही में बड़ा खटपट लगाये रहती है।

प्राकृत के उपरान्त हमारे देश के साहित्य के दो नमूने और मिलते हैं : एक पद्मावत और दूसरा पृथ्वीराज रासो। पद्मावत की कविता में तो किसी कदर कुछ थोड़ा-सा रस है भी पर पृथ्वीराज रासो में तारीफ के लायक कौन-सी बात है यह हमारी समझ में बिल्कुल नहीं आती। प्राकृत से उतरते-उतरते हमारी विद्यमान हिन्दी इस शक्ल में कैसे आयी इस बात का पता अलबत्ता रासो से लगता है। मतमतान्तर के साथ ही साथ हमारी भाषा भी गुजराती, मरहठी, बंगाली इत्यादि के भेद से प्रत्येक प्रान्त की जुदी-जुदी भाषा हो गयीं। इन एकदेशी भाषाओं में बंगाली सबसे अधिक कोमल, मधुर और सरस है। मरहठी महाकठोर और कर्णकटु तथा पंजाबी निहायत भद्दी, कठोर और रूखापन में उर्दू की छोटी बहन है। अब अपनी हिन्दी की ओर आइये। इसमें सन्देह नहीं विस्तार में हिन्दी अपनी बहिनों में सबसे बड़ी है। ब्रजभाषा, बुन्देलखंडी, बैसवारे की तथा भोजपुरी इत्यादि इसके कई एक अवान्तर भेद हैं। ब्रजभाषा में यद्यपि कुछ मिठास है पर यह इतनी जनानी बोली है कि इसमें सिवाय शृंगार के दूसरा रस आ ही नहीं सकता। जिस बोली को कवियों ने अपने लिंए चुन रक्खा है वह बुन्देलखंड की बोली है। इसमें सब प्रकार के काव्य और सब रस समा सकते हैं। अपनी-अपनी पसन्द निराली होती है "भिन्नरुचिर्हि लोकः"।

हमें बैसवारे की मर्दानी बोली सबसे अधिक भली मालूम होती है। दूसरी भाषाएँ जैसे मरहठी, गुजराती, बंगला की अपेक्षा कविता के अंश में हिन्दी का साहित्य बहुत चढ़ा हुआ है तथा संस्कृत से कुछ ही न्यून है। किन्तु गद्य-रचना 'प्रोज़' हिन्दी का बहुत ही कम और पोच है। सिवाय एक प्रेमसागर सी दरिद्र रचना के इसमें और कुछ हई नहीं जिसे हम इसके साहित्य के भांडार में शामिल करते। दूसरे उर्दू इसकी ऐसी रेढ़ मारे हुए है कि शुद्ध हिन्दी तुलसी, सूर इत्यादि कवियों की पद्य रचना के अतिरिक्त और कहीं मिलती ही नहीं। प्रसंग प्राप्त अब हमें यहाँ उर्दू के साहित्य की समालोचना का भी अवसर प्राप्त हुआ है किन्तु यह विषय अत्यन्त ऊब पैदा करने वाला हो गया इससे इसे यहीं समाप्त करते हैं। उर्दू की समालोचना फिर कभी करेंगे।

शव्दार्थ

परिपूर्ण = भरी हुई; **परिलुप्त** = गायब; **शोक-संकुल** = दुख से घिरा हुआ; **उद्दीप्त** = उत्तेजित; **दोचित्ता** = दो मन; **तमसाछन** = अन्धकार से घिरा; **फुटही** = फूटी हुई; **फिरहरी** = फिरकी; **द्रवता** = पिघलना; **आभ्यन्तरिक** = भीतरी; **लावण्य** = रूप सौन्दर्य; **प्रेमोच्छ्वास-परिप्लावित** = प्रेम के उत्साह से भरा, डूबा; **वार्द्धक्य** = वृद्धावस्था; **विशारद्** = विचारक, विद्वान; **पदाघात** = पैर से आघात करना; **तृण** = तिनका; **दण्डकारण्य** = जंगल; **स्मतपूर्वाभिभाषित्व** = मधुर वाणी; **उच्छेद** = नष्ट करना।

रामचन्द्र शुक्ल

आचार्य रामचन्द्र शुक्ल जी का जन्म 4 अक्टूबर 1884 में अगौना (आजमगढ़) उत्तर प्रदेश में हुआ। सन् 1901 में स्कूल फाइनल परीक्षा पास करने के बाद आगे आपकी पढ़ाई घर पर ही सम्पन्न हुई। बचपन से ही शिक्षा, साहित्य एवं आलोचना क्षेत्र में आपकी अभिरुचि थी। आप बहुत अधिक अध्ययनशील, अध्यवसायी, हिन्दी प्रेमी और स्वाभिमानी थे। आपकी शिक्षा इण्टरमीडिएट तक हुई। आगे स्वाध्याय से ही इन्होंने ज्ञानार्जन किया। आप संस्कृत, हिन्दी, अंग्रेजी आदि भाषाओं में पारंगत थे। मिर्जापुर मिशन-स्कूल से अध्यापन-कार्य प्रारम्भ कर, काशी विश्वविद्यालय में अध्यापक और आगे चलकर वहीं पर आप विभागाध्यक्ष हुए। सन् 1909-1910 में 'नागरी प्रचारिणी सभा', काशी के तत्वावधान में 'हिन्दी शब्द सागर' के सम्पादन-सहायक नियुक्त हुए और कुछ दिनों तक 'नागरी प्रचारिणी पत्रिका' का भी सम्पादन करते रहे। सन् 1937 में विश्वविद्यालय से सेवानिवृत्त हो गये। 2 फरवरी 1941 में हृदय गति के रुकने से आपका स्वर्गवास हुआ।

आचार्य शुक्ल मूर्धन्य विद्वान, सफल अध्यापक, श्रेष्ठ सम्पादक, गम्भीर प्रकृति के निबन्धकार, नीर-क्षीर विवेकी आलोचक एवं साहित्य के मार्मिक अध्येता थे तथा कोशकार, इतिहासकार, कवि, कहानीकार, अनुवादक आदि के अनेक पक्षों और आयामों से भी आपका गरिमामय व्यक्तित्व मंडित था। आपने अपनी प्रतिभा से हिन्दी निबन्ध एवं आलोचना साहित्य को नयी दिशा प्रदान की। विभिन्न मनोविकारों पर गम्भीर शैली में लिखे गये निबन्ध आपके प्रौढ़ विचारों, संस्कृतनिष्ठ प्रांजल भाषा एवं सूत्रात्मकता का परिचय देते हैं। निरपेक्ष दृष्टिकोण और अभिव्यक्ति की तीव्रता शुक्ल जी की अपनी मौलिकता रही है।

आचार्य शुक्ल जी की 'हिन्दी शब्दसागर' की भूमिका ही आपके प्रसिद्ध ग्रन्थ 'हिन्दी साहित्य का इतिहास' के रूप में प्रकाशित है। मनोविकार सम्बन्धी निबन्धों में—'श्रद्धा-भक्ति', 'करुणा', 'लोभ और प्रीति', 'उत्साह', 'क्रोध' के प्रकाशन से आपको हिन्दी के श्रेष्ठ निबन्धकार के पद पर प्रतिष्ठा मिली। ये

निबन्ध उस समय 'नागरी प्रचारिणी' में प्रकाशित हुए थे। 'चिन्तामणि' भाग-1 में आपके मनोविकार सम्बन्धी एवं चिन्तनात्मक निबन्ध संगृहीत हैं। 'चिन्तामणि' भाग-2 में समीक्षात्मक निबन्ध हैं। 'चिन्तामणि' भाग-3 में आपके अब तक के अप्रकाशित एवं अनूदित लेख संगृहीत हैं।

आचार्य शुक्ल के सभी निबन्धों में भावों का प्रवाह, विचारों की कसावट, भाषा की सफाई और चुस्ती तथा प्रस्तुति की विशिष्ट क्रमबद्धता दिखाई देती है। आपका प्रौढ़ चिन्तन, पाण्डित्य, सूक्ष्म विश्लेषण, तर्कपूर्ण विवेचन तथा व्यंग्य-विनोद का यथा प्रसंग रोचक प्रयोग मिलता है। व्यंग्य-विनोद का पुट आपके निबन्धों को नयी गति और नयी स्फूर्ति प्रदान करके उनको रोचक बनाता है। आपके निबन्धों में हृदय और बुद्धि पक्षों का समन्वय दिखाई देता है।

आपके निबन्धों की शैली आगमनपरक, व्यास और समास शैली के तत्त्वों से युक्त सूत्रपरक, व्याख्यात्मक, व्यंग्यात्मक, मार्मिक और चुटीली है। भाषा प्रायः संस्कृत तत्सम बहुल और अत्यन्त परिष्कृत है। भावात्मक प्रसंगों में भाषा का लालित्य और कल्पना की उड़ान दोनों तत्त्व देखने को मिलते हैं। इनमें व्यक्तित्व का विशेष सद्भाव भी लक्षित होता है।

निबन्ध सार : श्रद्धाभक्ति

रामचन्द्र शुक्ल हिन्दी साहित्य के युग प्रवर्तक लेखक, विचारक, साहित्य इतिहास लेखक तथा भाषाविद् हैं। उनके लेखन की विशेषता है जन-मन के भावों की पहचान परखकर साहित्य के साथ जोड़कर देखना तथा सामाजिक विकास प्रक्रिया को साहित्य के विकास व परिवर्तन के साथ मिलाकर देखना। 'श्रद्धाभक्ति' शुक्ल जी का ऐसा ही मनोवैज्ञानिक श्रेणी का निबन्ध है। उसमें मनुष्य के मन में उठने वाले सूक्ष्म भावों का वर्गीकरण तथा अन्तर किया गया है। यूँ श्रद्धा और भक्ति एक जैसे शब्द प्रतीत होते हैं, परन्तु शुक्ल जी ने इन दोनों शब्दों के अर्थ एवं अवधारणा को पाठकों के समक्ष खोलकर रख दिया है।

सामाजिक कल्याण की दृष्टि से श्रद्धा, प्रेम और भक्ति का भाव बहुत आवश्यक है। किसी मनुष्य में सामान्य मनुष्य से विशेष गुण, शक्ति का विकास देखकर हृदय में जो स्थायी आनन्द की भावना उत्पन्नं होती है वह श्रद्धा है। मनुष्य के सद्कर्म, साहस तथा लोककल्याण के भाव अन्य में श्रद्धा जाग्रत करते हैं।

श्रद्धा एवं प्रेम में भी अन्तर है। प्रेम स्वाधीन कार्यों पर उतना निर्भर नहीं है जितनी श्रद्धा है। किसी के अच्छे कार्यों से उसके प्रति श्रद्धा उत्पन्न होती है तो उसका रूप-सौन्दर्य देखकर प्रेम उत्पन्न हो सकता है। श्रद्धा में विस्तार है

प्रेम में एकान्त। किसी मनुष्य से प्रेम करने वाले दो-चार मिल सकते हैं परन्तु श्रद्धा करने वाले अनेक हो सकते हैं। लाखों-करोड़ों भी। श्रद्धा से ही उन कर्मों का महत्त्व बढ़ जाता है जिनसे धर्म का आधार तैयार होता है। इसी से मनुष्य समाज की स्थिति व गति है।

कर्म का सबसे बड़ा स्मारक कर्ता है। कर्मशील व्यक्ति अपने कर्मों का स्मारक बन जाता है।

श्रद्धाभक्ति

•

रामचन्द्र शुक्ल

किसी मनुष्य में जनसाधारण से विशेष गुण व शक्ति का विकास देख उसके सम्बन्ध में जो एक स्थायी आनन्दपद्धति हृदय में स्थापित हो जाती है उसे श्रद्धा कहते हैं। श्रद्धा महत्त्व की आनन्दपूर्ण स्वीकृति के साथ-साथ पूज्य बुद्धि का संचार है। यदि हमें निश्चय हो जायेगा कि कोई मनुष्य बड़ा वीर, बड़ा सज्जन, बड़ा गुणी, बड़ा दानी, बड़ा विद्वान्, बड़ा परोपकारी वा बड़ा धर्मात्मा है तो वह हमारे आनन्द का एक विषय हो जायेगा। हम उसका नाम आने पर प्रशंसा करने लगेंगे, उसे सामने देख आदर से सिर नवाएँगे; किसी प्रकार का स्वार्थ न रहने पर भी हम सदा उसका भला चाहेंगे, उसकी बढ़ती से प्रसन्न होंगे और अपनी पोषित आनन्दपद्धति में व्याघात पहुँचने के कारण उसकी निंदा न सह सकेंगे। इससे सिद्ध होता है कि जिन कर्मों के प्रति श्रद्धा होती है उनका होना संसार को वांछित है। यही विश्वकामना श्रद्धा की प्रेरणा का मूल है।

प्रेम और श्रद्धा में अन्तर यह है कि प्रेम स्वाधीन कार्यों पर उतना निर्भर नहीं—कभी कभी किसी का रूप मात्र, जिसमें उसका कुछ भी हाथ नहीं उसके प्रति प्रेम उत्पन्न होने का कारण होता है, पर श्रद्धा ऐसी नहीं है। किसी की सुन्दर आँख या नाक देखकर उसके प्रति श्रद्धा नहीं उत्पन्न होगी, प्रीति उत्पन्न हो सकती है। प्रेम के लिए इतना ही बस है कि कोई मनुष्य हमें अच्छा लगे, पर श्रद्धा के लिए आवश्यक यह है कि मनुष्य किसी बात में बढ़ा हुआ होने के कारण हमारे सम्मान का पात्र हो। श्रद्धा का व्यापार स्थल विस्तृत है, प्रेम का एकान्त। प्रेम में घनत्व अधिक है और श्रद्धा में विस्तार। किसी मनुष्य से प्रेम रखनेवाले दो ही एक मिलेंगे, पर उसपर श्रद्धा रखनेवाले सैकड़ों, हजारों, लाखों क्या करोड़ों मिल सकते हैं। सच पूछिए तो इसी श्रद्धा के आश्रय से

उन कर्मों के महत्त्व का भाव दृढ़ होता है जिन्हें धर्म कहते हैं और जिनमें मनुष्य समाज की स्थिति है। कर्त्ता से बढ़कर कर्म का स्मारक दूसरा नहीं। कर्म की क्षमता प्राप्त करने के लिए बार-बार कर्त्ता ही की ओर आँख उठती है। कर्मों से कर्त्ता की स्थिति को जो मनोहरता प्राप्त हो जाती है उसपर मुग्ध होकर बहुत से प्राणी उन कर्मों की ओर प्रेरित होते हैं। कर्त्ता अपने सत्कर्म द्वारा एक विस्तृत क्षेत्र में मनुष्य की सद्वृत्तियों के आकर्षण का एक शक्ति केन्द्र हो जाता है। जिस समाज में किसी ज्योतिष्मान शक्ति केन्द्र का उदय होता है उस समाज में भिन्न-भिन्न हृदयों से शुभ भावनाएँ मेघखंडों के समान उठकर तथा एक ओर और एक साथ अग्रसर होने के कारण परस्पर मिलकर, इतनी घनी हो जाती हैं कि उनकी घटा सी उमड़ पड़ती है और मंगल की ऐसी वर्षा होती है कि सारे दुःख और क्लेश बह जाते हैं।

हमारे अन्तःकरण में प्रिय के आदर्श रूप का संघटन उसके शरीर या व्यक्ति मात्र के आश्रय से हो सकता है, पर श्रद्धेय के आदर्श रूप का संघटन उसके फैलाए हुए कर्म तन्तु के उपादान से होता है। प्रिय का चिन्तन हम आँख मूँदे हुए, संसार को भुलाकर करते हैं, पर श्रद्धेय का चिन्तन हम आँख खोले हुए, संसार का कुछ अंश सामने रखकर करते हैं। यदि प्रेम स्वप्न है तो श्रद्धा जागरण है। प्रेमी प्रिय को अपने लिए और अपने को प्रिय के लिए संसार से अलग करना चाहता है। प्रेम में केवल दो पक्ष होते हैं, श्रद्धा में तीन। प्रेम में कोई मध्यस्थ नहीं, पर श्रद्धा में मध्यस्थ अपेक्षित है। प्रेमी और प्रिय के बीच कोई और वस्तु अनिवार्य नहीं, पर श्रद्धालु और श्रद्धेय के बीच कोई वस्तु चाहिए। इस बात का स्मरण रखने से यह पहचानना उतना कठिन न रह जायेगा कि किसी के प्रति किसी का कोई आनन्दान्तर्गत भाव प्रेम है या श्रद्धा। यदि किसी कवि का काव्य बहुत अच्छा लगा, किसी चित्रकार का बनाया चित्र बहुत सुन्दर जँचा और हमारे चित्त में उस कवि या चित्रकार के प्रति एक सुहृद्भाव उत्पन्न हुआ तो वह श्रद्धा है; क्योंकि यह काव्य या चित्ररूप मध्यस्थ द्वारा प्राप्त हुआ है।

प्रेम का कारण बहुत कुछ अनिर्दिष्ट और अज्ञात होता है; पर श्रद्धा का कारण निर्दिष्ट और ज्ञात होता है। कभी-कभी केवल एक साथ रहते-रहते दो प्राणियों में यह भाव उत्पन्न हो जाता है कि वे बराबर साथ रहें; उनका साथ कभी न छूटे। प्रेमी प्रिय के सम्पूर्ण जीवनक्रम के सतत साक्षात्कार का अभिलाषी होता है। वह उसका उठना-बैठना, चलना-फिरना, सोना, खाना-पीना सब कुछ देखना चाहता है। संसार में बहुत से लोग उठते-बैठते, चलते-फिरते

हैं, पर सबका उठना-बैठना, चलना-फिरना उसको वैसा अच्छा नहीं लगता। प्रेमी प्रिय के जीवन को अपने जीवन से मिलाकर एक निराला मिश्रण तैयार करना चाहता है। वह दो से एक करना चाहता है। सारांश यह है कि श्रद्धा में दृष्टि पहले कर्मों पर से होती हुई श्रद्धेय तक पहुँचती है और प्रीति में प्रिय पर से होती हुई उसके कर्मों आदि पर आ जाती है। एक में व्यक्ति को कर्मों द्वारा मनोहरता प्राप्त होती है, दूसरी में कर्मों को व्यक्ति द्वारा। एक में कर्म प्रधान है, दूसरी में व्यक्ति।

किसी के रूप को स्वयं देखकर हम तुरन्त मोहित होकर उससे प्रेम कर सकते हैं, पर उसके रूप की प्रशंसा किसी दूसरे से सुनकर चट हमारा प्रेम नहीं उमड़ पड़ेगा। कुछ काल तक हमारा भाव लोभ के रूप में रहेगा, पीछे वह प्रेम में परिणत हो सकता है। बात यह है कि प्रेम एकमात्र अपने ही अनुभव पर निर्भर रहता है; पर श्रद्धा अपनी सामाजिक विशेषता के कारण दूसरों के अनुभव पर भी जगती है। रूप की भावना का बहुत कुछ सम्बन्ध व्यक्तिगत रुचि से होता है। अतः किसी के रूप और हमारे बीच यदि तीसरा व्यक्ति आया तो इस व्यापार में सामाजिकता आ गयी; क्योंकि हमें उस समय यह ध्यान हुआ कि उस रूप से एक तीसरे व्यक्ति को आनन्द या सुख मिला और हमें भी मिल सकता है। जब तक हम किसी के रूप का बखान सुनकर 'वाह वाह' करते जायेंगे तब तक हम एक प्रकार के लोभी अथवा रीझनेवाले या कद्रदान ही कहलाएँगे, पर जब हम उसके दर्शन के लिए आकुल होंगे, उसे बराबर अपने सामने ही रखना चाहेंगे, तब प्रेम का सूत्रपात समझा जायेगा। श्रद्धाभाजन पर श्रद्धावान अपना किसी प्रकार का अधिकार नहीं चाहता, पर प्रेमी प्रिय के हृदय पर अपना अधिकार चाहता है।

श्रद्धा एक सामाजिक भाव है, इससे अपनी श्रद्धा के बदले में हम श्रद्धेय से अपने लिए कोई बात नहीं चाहते। श्रद्धा धारण करते हुए हम अपने को उस समाज में समझते हैं जिसके किसी अंश पर—चाहे हम व्यष्टि रूप में उनके अन्तर्गत न भी हों—जानबूझकर उसने कोई शुभ प्रभाव डाला। श्रद्धा स्वयं ऐसे कर्मों के प्रतिकार में होती है जिसका शुभ प्रभाव अकेले हम पर नहीं बल्कि सारे मनुष्य समाज पर पड़ सकता है। श्रद्धा एक ऐसी आनन्दपूर्ण कृतज्ञता है जिसे हम केवल समाज के प्रतिनिधि रूप में प्रकट करते हैं। सदाचार पर श्रद्धा और अत्याचार पर क्रोध या घृणा प्रकट करने के लिए समाज ने प्रत्येक व्यक्ति को प्रतिनिधित्व प्रदान कर रखा है। यह काम उसने इतना भारी समझा है कि उसका भार सारे मनुष्यों को बाँट दिया है, दो-चार

माननीय लोगों के ही सिर पर नहीं छोड़ रखा है। जिस समाज में सदाचार श्रद्धा और अत्याचार पर क्रोध प्रकट करने के लिए जितने ही अधिक लोग तत्पर पाये जायेंगे उतना ही वह समाज जाग्रत समझा जायेगा। श्रद्धा की सामाजिक विशेषता एक इसी बात से समझ लीजिए कि जिस पर हम श्रद्धा रखते हैं उस पर चाहते हैं कि और लोग भी श्रद्धा रखें—जिस पर हमारा प्रेम होता है उससे और दस पाँच आदमी प्रेम रखें—इसकी हमें परवा क्या, इच्छा ही नहीं होती; क्योंकि हम प्रिय पर लोभवश एक प्रकार का अनन्य अधिकार या इजारा चाहते हैं। श्रद्धालु अपने भाव में संसार को भी सम्मिलित करना चाहता है, पर प्रेमी नहीं।

जब तक समष्टि रूप में हमें संसार के लक्ष्य का बोध नहीं होता और हमारे अन्तःकरण में सामान्य आदर्शों की स्थापना नहीं होती तब तक हमें श्रद्धा का अनुभव नहीं होता। बच्चों में कृतज्ञता का भाव पाया जाता है पर सदाचार के प्रति उस कृतज्ञता का नहीं, जिसे श्रद्धा कहते हैं। अपने साथ किये जानेवाले जिस व्यवहार के लिए वे कृतज्ञ होते हैं उसी को दूसरों के साथ होते देख कर्त्ता के प्रति कृतज्ञ होना वे देर में सीखते हैं—उस समय सीखते हैं जब वे अपने को किसी समुदाय का अंग समझने लगते हैं। अपने साथ या किसी विशेष मनुष्य के साथ किये जानेवाले व्यवहार के लिए जो कृतज्ञता होती है वह श्रद्धा नहीं है। श्रद्धालु की दृष्टि सामान्य की ओर होनी चाहिए, विशेष की ओर नहीं। अपने सम्बन्धी के प्रति किसी को कोई उपकार करते देख यदि हम कहें कि उसपर हमारी श्रद्धा हो गयी है तो यह हमारा पाखंड है, हम झूठमूठ अपने को ऐसे उच्च भाव का धारणकर्त्ता प्रकट करते हैं। पर उसी सज्जन को दस-पाँच और ऐसे आदमियों के साथ जब हम उपकार करते देखें जिन्हें हम जानते तक नहीं और इस प्रकार हमारी दृष्टि विशेष से सामान्य की ओर हो जाये, तब यदि हमारे चित्त में उसके प्रति पहले से कहीं अधिक कृतज्ञता या पूज्य बुद्धि का उदय हो तो हम श्रद्धालु की उच्च पदवी के अधिकारी हो सकते हैं। सामान्य रूप में हम किसी के गुण या शक्ति का विचार सारे संसार से सम्बद्ध करके करते हैं, अपने से या किसी विशेष प्राणी से सम्बद्ध करके नहीं। हम देखते हैं कि किसी मनुष्य में कोई गुण या शक्ति है जिसका प्रयोग वह चाहे जहाँ और जिसके प्रति कर सकता है।

श्रद्धा का मूल तत्त्व है दूसरे का महत्त्व स्वीकारना। अतः जिनकी स्वार्थबद्ध दृष्टि अपने से आगे नहीं जा सकती अथवा अभिमान के कारण जिन्हें अपनी

ही बड़ाई के अनुभव की लत लग गयी है उनकी इतनी समायी नहीं कि वे श्रद्धा ऐसे पवित्र भाव को धारण करें। स्वार्थियों और अभिमानियों के हृदय में श्रद्धा नहीं टिक सकती। उनका अन्तःकरण इतना संकुचित और मलिन होता है कि वे दूसरों की कृति का यथार्थ मूल्य नहीं परख सकते।

स्थूल रूप से श्रद्धा तीन प्रकार की कही जा सकती है—

1. प्रतिभा सम्बन्धिनी
2. शील सम्बन्धिनी, और
3. साधन सम्पत्ति सम्बन्धिनी।

प्रतिभा से मेरा अभिप्राय अन्तःकरण की उस उद्भाविका क्रिया से है जिसके द्वारा कला, विज्ञान आदि नाना क्षेत्रों में नयी-नयी बातें या कृतियाँ उपस्थित की जाती हैं। यह ग्रहण और धारणा शक्ति से भिन्न है, जिसके द्वारा इधर-उधर से प्राप्त ज्ञान (विद्वत्ता) संचित किया जाता है। कला सम्बन्धिनी श्रद्धा के लिए श्रद्धालु में भी थोड़ी बहुत मार्मिक निपुणता चाहिए, इससे उसका अभाव कोई भारी त्रुटि नहीं, वह क्षम्य है। यदि किसी उत्तम काव्य या चित्र की विशेषता न समझने के कारण हम कवि या चित्रकार पर श्रद्धा न कर सकें तो यह हमारा अनाड़ीपन है—हमारे रुचि संस्कार की त्रुटि है। इसका उपाय यही है कि समाज कला सम्बन्धिनी मर्मज्ञता के प्रचार की व्यवस्था करे, जिससे विविध कलाओं के सामान्य आदर्श की स्थापना जनसमूह में हो जाये। पर इतना होने पर भी कला सम्बन्धिनी रुचि की विभिन्नता थोड़ी बहुत अवश्य रहेगी। अश्रद्धालु रुचि का नाम लेकर ईर्ष्या या अहंकार के दोषारोपण से बच जाया करेंगे।

पर शील सम्बन्धिनी श्रद्धा प्रत्येक व्यक्ति का कर्त्तव्य है। शील या धर्म के सामान्य लक्षण संसार के प्रत्येक सभ्य जन समुदाय में प्रतिष्ठित हैं। धर्म ही से मनुष्य-समाज की स्थिति है, अतः उसके सम्बन्ध में किसी प्रकार का रुचिभेद, मतभेद आदि नहीं। सदाचार के प्रति यदि हम श्रद्धा नहीं रखते तो समाज के प्रति अपने कर्त्तव्य का पालन नहीं करते। यदि किसी को दूसरों के कल्याण के लिए भारी स्वार्थ त्याग करते देख हमारे मुँह से 'धन्य' भी न निकला तो हम समाज के किसी काम के न ठहरे, समाज को हमसे कोई आशा नहीं, हम समाज में रहने योग्य नहीं। किसी कर्म में प्रवृत्त होने से पहले यह स्वीकार करना आवश्यक होता है कि वह कर्म या तो हमारे लिए या समाज के लिए अच्छा है। इस प्रकार की स्वीकृति कर्म की पहली तैयारी है। श्रद्धा द्वारा हम यह आनन्दपूर्वक स्वीकार करते हैं कि कर्म के अमुक अमुक दृष्टान्त

धर्म के हैं, अतः श्रद्धा धर्म की पहली सीढ़ी है। धर्म के इस प्रथम सोपान पर प्रत्येक मनुष्य को रहना चाहिए, जिसमें जब कभी अवसर आये तब वह कर्मरूपी दूसरे सोपान पर हो जाये।

अब रह गयी साधन सम्पत्ति सम्बन्धिनी श्रद्धा की बात। यहाँ पर साधन सम्पन्नता का ठीक-ठीक भाव समझ लेना आवश्यक है। साधन सम्पत्ति का अनुपयोग भी हो सकता है, सदुपयोग भी हो सकता है और दुरुपयोग भी हो सकता है। किसी को पद्य रचने की अच्छी अभ्यास सम्पन्नता है। यदि शिक्षा द्वारा उसके भाव उन्नत हैं, वह सहृदय है तो वह अपनी इस सम्पन्नता का उपयोग मनोहर उच्चभावपूर्ण काव्य प्रस्तुत करने में कर सकता है; यदि उसकी अवस्था ऐसी नहीं है तो वह या तो साधारण, भाव शून्य गद्य को गीतिका, शिखरिणी आदि नाना छंदों में परिणत करेगा या अपनी भद्दी और कुरुचिपूर्ण भावनाओं को छन्दोबद्ध करेगा। उसके इस कृत्य पर श्रद्धा रखनेवाले भी बहुत मिल जायेंगे। ऐसे व्यक्ति के प्रति जो श्रद्धा होती है वह साधन सम्पन्नता पर ही होती है, साध्य की पूर्णता पर नहीं।

देशी कारीगरी, चित्रकारी, संगीत आदि में नियम पालन के अभ्यास द्वारा प्राप्त इस साधन सम्पन्नता पर ही इधर बहुत दिनों से अधिक ध्यान दिया जाने लगा था और मानव हृदय पर इन मनोहारिणी कलाओं के प्रभाव का बहुत कम विचार होने लगा था। बहुत से पुराने मकानों की कारीगरी देखिए तो उनमें बहुत-सा काम गिचपिच किया हुआ दिखायी देगा, ऐसे महीन बेलबूटों की भिन्न-भिन्न पटरियाँ दीवारों में जमाई हुई मिलेंगी जो बिना आँख को पास ले जाकर सटाए स्पष्ट न जान पड़ेंगे। सारे मकान को एक बार में देखने से इन सबों का सम्मिलित प्रभाव दृष्टि और मन पर क्या पड़ेगा, इसका कुछ भी विचार बनानेवालों ने नहीं किया, यह स्पष्ट दिखायी पड़ेगा। ऐसे कामों में अभ्यास का तथा समय और श्रम के व्यय (या अपव्यय) का पूरा परिचय मिलता है, पर विचार और सहृदयतापूर्वक उनके उपयोग का बहुत कम। समझने की बात है कि इमारत हाथ पर लेकर देखने की चीज नहीं है, दस-पाँच हाथ दूर पर खड़े होकर देखने की चीज है।

चित्रकारी की दशा भी इसी प्रकार की हो गयी थी। राधा-कृष्ण कदम्ब के नीचे खड़े हैं। कदम्ब की एक-एक पत्ती अलग-अलग बारीकी के साथ बनी दिखायी पड़ती है। राधा की चुनरी की एक-एक बूटी बड़ी सावधानी और मेहनत के साथ बनायी गयी है। देखनेवाले को यह नहीं जान पड़ता कि वह कुछ दूर पर खड़ा होकर कदम्ब और राधा-कृष्ण को एक साथ

देख रहा है, बल्कि यह जान पड़ता है कि कभी तो पत्तियाँ गिनने के लिए वह पेड़ पर चढ़ता है और कभी नमूना लेने के लिए चुनरी हाथ में लेता है। ऐसी रचनाओं के प्रति यदि श्रद्धा प्रकट की जायगी तो वह अभ्यास, श्रम और बारीकी अर्थात् साधन सम्पन्नता के विचार से होगी, साध्य की पूर्णता अर्थात् कला के विचार से नहीं, जिसका उद्‌देश्य मानव हृदय पर मधुर प्रभाव डालता है।

संगीत के पेचपाँच देखकर भी हठयोग याद आता है। जिस समय कोई कलावंत पक्का गाना गाने के लिए आठ अंगुल मुँह फैलाता है और 'आ आ' करके विकल होता है, उस समय बड़े-बड़े धीरों का धैर्य छूट जाता है—दिन-दिन भर चुपचाप बैठे रहनेवाले बड़े-बड़े आलसियों का आसन डिग ज़ाता है। जो संगीत नाद की मधुर गति द्वारा मन में माधुर्य का संचार करने के लिए था वह इन पक्के लोगों के हाथ में पड़कर केवल स्वरग्राम की लम्बी-चौड़ी कवायद हो गया। श्रद्धालुओं के अन्तःकरण की मार्मिकता इतनी स्तब्ध हो गयी कि एक खरश्वान के गले से भी इस लम्बी कवायद को ठीक उतरते देख उनके मुँह से 'वाह वाह', 'ओहो हो' निकलने लगा। काव्य पर शब्दालंकार आदि का इतना बोझ लादा गया कि उसका सारा रूप ही छिप गया। बात यह हुई कि इन विविध कलाओं के जितने अभ्यासगम्य और श्रमसाध्य अंग थे वे तो हद से बाहर घसीटे गये और जितने सहृदयता से सम्बन्ध रखनेवाले थे उनपर ध्यान ही न रहा। यदि ये कलाएँ मूर्तिमान रूप धारण करके सामने आतीं तो दिखायी पड़ता कि किसी को जलोदर हुआ है, किसी को फीलपाँव! इनकी दशा सोने और रत्नों से जड़ी गुठली धारदार तलवार की सी हो गयी।

किसी मनुष्य में बहुत अधिक शारीरिक बल देख उसपर जन साधारण की श्रद्धा होती है और होनी चाहिए। प्रो. राममूर्ति को मोटर रोकते, लोहे की मोटे-मोटे सीकड़ तोड़ते, छाती पर 40 मन का पत्थर रखते, हाथी खड़ा करते और गाड़ी दौड़ाते देख उनके शारीरिक बल के कारण उनपर श्रद्धा होती है। अब इस सम्पन्नता का वे सदुपयोग भी कर सकते हैं, दुरुपयोग भी कर सकते हैं और अनुपयोग भी कर सकते हैं। वे इसके द्वारा किसी भारी संकट से अपनी या दूसरे की रक्षा भी कर सकते हैं और किसी निरपराध को पीड़ित भी कर सकते हैं पर हमारी श्रद्धा बिना सदुपयोग या दुरुपयोग की सम्भावना की कल्पना किये शुभ साधन सम्पन्नता ही पर होती है, कोरे विद्वानों के प्रति जो श्रद्धा होती है वह भी साधन सम्पन्नता ही पर होती है।

उसके उपयोग की निपुणता या प्रतिभा पर निर्भर नहीं होती। विद्वत्ता किसी विषय की बहुत-सी बातों की जानकारी का नाम है, जिसका संचय बहुत कष्ट, श्रम और धारणा से होता है। यह बात विद्वान् की प्रतिभा पर निर्भर है कि वह ज्ञान का भंडारी और उपयोगकर्त्ता दोनों हो—अर्थात् वह उत्तम चिन्तक, वक्ता, लेखक, अन्वेषक या कवि भी होकर उस संचित साधन का उपयोग करे और अपने मूल विचारों का प्रभावपूर्ण प्रकाश करे। यदि विद्वान् में यह प्रतिभा नहीं है, यह शक्ति नहीं है, तो वह अपनी संचित जानकारी को कला कुशल और प्रतिभाशाली लेखकों या तत्त्वान्वेषकों के सामने रख दे कि वे उससे आवश्यकतानुसार काम लें। इस रीति से उसकी विद्वत्ता सामाजिक उपयोग में आ जायेगी।

भिन्न-भिन्न मानसिक संस्कार के लोगों में किसी विषय से सम्बन्ध रखनेवाली श्रद्धा भिन्न-भिन्न मात्रा की हुआ करती है। यदि किसी को शारीरिक बल, साहस या चतुराई पर अत्यन्त अधिक श्रद्धा है तो वह इनका दुरुपयोग देखकर भी बनी रह सकती है। अत्याचारियों के बल, डाकुओं के साहस और लंपटों की चालाकी की तारीफ संसार में थोड़ी बहुत होती ही है। एक बात और है, यदि किसी पर किसी एक विषय में अत्यन्त अधिक श्रद्धा है तो उसकी अन्य विषयों की त्रुटियों पर ध्यान नहीं जाता और कभी ध्यान भी जाता है तो वे भी सुहावनी लगती हैं। कोई प्रतिभाशाली कवि विलासप्रिय, मद्यप या सनकी है तो जो अत्यन्त काव्य प्रेमी होंगे उनकी घृणा को उसके ये दुर्गुण पूर्ण रूप से आकर्षित न कर सकेंगे। यहाँ तक कि उसके इन दुर्गुणों की चर्चा भी वे बड़ी रुचि के साथ करेंगे और सुनेंगे। बात यह है कि मनुष्य का अन्तःकरण एक है। उसकी एक साथ दो परस्पर विरुद्ध स्थितियाँ नहीं हो सकतीं। इस प्रकार की मानसिक स्तब्धता को श्रद्धान्धता कह सकते हैं। यद्यपि श्रद्धान्ध समाज में उतना अनर्थकारी नहीं हो सकता, उतना अपराधी नहीं ठहराया जा सकता, जितना मदान्ध, क्रोधान्ध या ईर्ष्यान्ध, पर उसकी श्रद्धा के बढ़ते-बढ़ते क्रियमाण रूप धारण करने पर और शील सम्बन्धिनी चेतना को बिलकुल जवाब मिल जाने पर समाज के अनिष्ट में ब्याज से सहायता पहुँच सकती है।

यदि किसी अपव्ययी और मद्यप कवि पर अत्यन्त श्रद्धालु होकर कोई उसकी आर्थिक सहायता करता जाता है तो वह उस अन्याय और उपद्रव का थोड़ा बहुत उत्तरदाता अवश्य होता है जो कविजी अपने सहवर्तियों के बीच करने में समर्थ होते हैं। यदि किसी पहलवान के बल पर प्रसन्न होकर

कोई उसे हलवा पूरी खाने के लिए कुछ महीना बाँधता है तो उसके गुंडेपन के कारण लोगों की पहुँची हुई पीड़ा के दोष का वह कम से कम उतना भाग अवश्य पा सकता है जितना इंद्रकृत हत्या की बँटाई के समय बहुतों को मिला था। उद्‌देश्य के अभाव के बल से यद्यपि इन श्रद्धालुओं पर दोष उतना सटीक नहीं लग सकता, पर समाज की दृष्टि में वे दान के पात्रता सम्बन्धी अविवेक के अभियोग से नहीं बच सकते।

अब यहाँ पर यह प्रश्न उठता है कि शील, कला और साधन सम्पत्ति श्रद्धा के इन तीनों विषयों में से किसका ध्यान मनुष्य को पहले होना चाहिए और किसका पीछे। इसका बेधड़क यही उत्तर दिया जा सकता है कि जन साधारण के लिए शील का ही सबसे पहले ध्यान होना स्वाभाविक है; क्योंकि उसका सम्बन्ध मनुष्य मात्र की सामान्य स्थिति रक्षा से है। उसके अभाव में समाज या उस आधार की स्थिति ही नहीं रह सकती जिसमें कलाओं की उपयोगिता या मनोहारिता का प्रसार और साधन सम्पत्ति की प्रचुरता का वितरण और व्यवहार होता है।

दूसरों की श्रद्धा संसार में एक अत्यन्त वांछनीय वस्तु है, क्योंकि वह एक प्रकार का ऐसा परकीय निश्चय या विश्वास है जिसके सहारे स्वकीय कार्य सुगम होता है—जीवन की कठिनता कम होती है। जिस पर लोगों की अश्रद्धा होती है—उसके लिए व्यवहार के सब सीधे और सुगम मार्ग बन्द हो जाते हैं—उसे या तो काँटों पर या ढाई कोस नौ दिन में चलना पड़ता है। पर जो किसी प्रकार दूसरों की श्रद्धा सम्पादित कर लेता है, उसके पैर रखने के लिए फूलों की पंखुड़ियाँ—आजकल लाल कनातें बिछाई जाती हैं। समाज में ये वस्तुएँ सच्चे गुणियों और परोपकारियों के लिए हैं पर इन्हें छीनने और चुराने की ताक में बहुत से चोर, चाई और लुटेरे रहते हैं जो इनके द्वारा स्वार्थ साधन करना या अपनी तुच्छ मानसिक वृत्तियों को तृप्त करना चाहते हैं। इनसे समाज को हर घड़ी सावधान रहना चाहिए। इन्हें सामाजिक दण्ड देने के लिए उसे सदा सन्नद्ध रहना चाहिए। ये अनेक रूप में दिखायी पड़ते हैं—कोई गेरुआ वस्त्र लपेटे धर्म का डंका पीटता दिखायी देता है, कोई देश हितैषिता का लम्बा चोगा पहने देशोद्धार की पुकार करता पाया ज़ाता है।

मनुष्य किसी ओर तीन प्रकार से प्रवृत्त होता है—मन से, वचन से और कर्म से। इनमें से मन तो देखने दिखाने की चीज नहीं। वाणी और कार्यप्रणाली की नकल की जाती है और बड़ी सफाई से की जाती है। हितोपदेश के

गदहे ने तो बाघ की खाल ही ओढ़ी थी, पर ये लोग बाघ की बोली भी बोल लेते हैं। कहीं-कहीं केवल वचन ही से काम निकल जाता है। एक दिन मैं काशी की एक गली से जा रहा था, एक ठठेरे की दुकान पर कुछ परदेशी यात्री किसी बरतन का मोलभाव कर रहे थे और कह रहे थे कि इतना नहीं, इतना लो तो लें। इतने ही में सौभाग्यवश दुकानदारजी को ब्रह्मज्ञानियों के वाक्य याद आ गये और उन्होंने चट कहा–'माया छोड़ो और इसे ले लो।' सोचिए तो, काशी ऐसा पुण्य क्षेत्र! वहाँ न माया छोड़ी जायेगी तो कहाँ छोड़ी जायेगी। थोड़े दिन हुए, किसी लेखक ने कहीं पढ़ा कि प्रतिभाशाली लोग कुछ उग्रता और पागलपन लिए होते हैं। तब से वे बराबर अपने में इन दोनों शुभ लक्षणों की स्थापना के यत्न में लगे रहते हैं। सुनते हैं कि पहले में वे कुछ कृतकार्य भी हुए हैं, पर पागलपन की नकल करना कुछ हँसी खेल नहीं; भूलचूक से कुछ समझदारी की बातें मुँह से निकल ही जाती हैं।

जैसे और सब विद्याओं की, वैसी ही परश्रद्धाकर्षण की विद्या की भी आजकल खूब उन्नति हुई है। आश्चर्य नहीं कि इसके लिए कुछ दिनों में एक अलग विद्यालय खुले। श्रद्धा के यथार्थ कारण का जितना ही अभाव हो, आकर्षण की अपनी विद्या में उतना ही दक्ष समझना चाहिए। आजकल सार्वजनिक उद्योगों की बड़ी धूम रहा करती है और बहुत से लोग निराहार परोपकार व्रत करते सुने जाते हैं। ऊपर कहा जा चुका है कि पर श्रद्धा के सहारे कार्य में सुगमता आती है, अतः किसी कार्य साधना के लिए जो लोग प्रयत्न द्वारा दूसरों के हृदय में श्रद्धा उत्पन्न करते हैं वे उस कार्य के अनुसार चतुर, नीति कुशल, धूर्त या पाखण्डी कहे जाते हैं, पर संसार में बहुत ऐसे लोग भी होते हैं जिन्हें अपने ऊपर परायी श्रद्धा के चिन्तन से जो एक प्रकार का आनन्द मिलता है उसकी लत पड़ जाती है। वे पर श्रद्धा को मनोरंजन या मानसिक भोग विलास की एक सामग्री समझते हैं। वे परायी श्रद्धा केवल इसी निमित्त चाहते हैं, और किसी उद्देश्य से नहीं। ऐसे पर श्रद्धाभिलाषियों को मानसिक दुर्व्यसन रहता है और वे उसी प्रकार दुर्व्यसनी कहे जा सकते हैं जिस प्रकार शराबी, गँजेड़ी और चंडूबाज आदि। पर समाज की श्रद्धा ऐसे अपव्यय के लिए नहीं है, प्रयोजन के लिए है। ऐसे लोग अपनी धुन में कभी-कभी बड़े-बड़े सार्वजनिक कार्य भी छोड़ बैठते हैं जिनका होना उन्हें इतना अभीष्ट नहीं होता जितना अपने द्वारा होना। ये लोग पहचाने इस प्रकार जाते हैं कि उन कार्यों से अपने नाम का वियोग

घड़ी भर भी नहीं सह सकते, यहाँ तक कि यदि वे दूसरों को कोई ऐसा कार्य हाथ में लेते देखते हैं जिसमें समाज के साधुवाद की सम्भावना होती है तो इनका पेट फूलने लगता है और ये या तो गुप्त रूप से उसमें विघ्न की व्यवस्था करते हैं या कम से कम उसके महत्त्व को बहुत कम करके दिखाया करते हैं। दूसरी पहचान यह है कि वे लोग ऐसे ही काम ठानते हैं जिनका नाम और आडम्बर बड़ा होता है।

ऊपर कहा जा चुका है कि श्रद्धावान् अपनी श्रद्धा द्वारा श्रद्धेय में कोई ऐसा परिवर्तन उपस्थित नहीं करना चाहता जिसका अपने लिए कोई अनुकूल फल हो। श्रद्धावान् श्रद्धेय को प्रसन्न करने की इच्छा कर सकता है, पर उस प्रसन्नता से आप कोई लाभ उठाने के नहीं। श्रद्धा न्याय बुद्धि के पलड़े पर तुली हुई एक वस्तु है जो दूसरे पलड़े पर रखे हुए श्रद्धेय के गुण, कर्म आदि के हिसाब से होती है। श्रद्धा सत्कर्म या सद्‌गुण ही का मूल्य है जिससे और किसी प्रकार का सौदा नहीं हो सकता; पर जब कि इस व्यापार युग में ज्ञान बिकता है, न्याय बिकता है, धर्म बिकता है—तब श्रद्धा ऐसे भाव क्यों न बिके? पर असली भाव तो इस लेन-देन के व्यवहार के लिए उपस्थित नहीं किये जा सकते। खैर, नकली सही। एक भाव पर दूसरे भाव की कलई करके हम बाजार में क्यों न जायें? अपनी भीरुता या चापलूसी को हम 'श्रद्धा श्रद्धा' कहकर गलियों और संवादपत्रों में क्यों न पुकारें? ऐसे झूठे श्रद्धावानों से घिरकर झूठे श्रद्धा पात्र सच्चे श्रद्धा पात्रों को क्यों न मात करें, जब कि आजकल झूठे मोती सच्चे मोतियों को मात करते हैं?

कला कुशल या सदाचारी अपने चारों ओर प्रसन्नता देखना चाहता है; अतः अपनी श्रद्धा द्वारा हम अपनी प्रसन्नता का निश्चय मात्र कराते हैं। हमारी प्रसन्नता से उसे अपनी सामर्थ्य का बोध हो जाता है और उसका उत्साह बढ़ता है। इस प्रकार अपनी श्रद्धा द्वारा हम भी समाज का मंगल साधन करते हैं। दूसरे की श्रद्धा का श्रद्धेय पर इतना ही प्रभाव पड़ना चाहिए, इससे अधिक नहीं। यदि हमारी श्रद्धा के कारण वह हमें किसी प्रकार का लाभ पहुँचाना चाहता है तो वह हमारी श्रद्धा को खुशामद समझता है और हमारा अपमान करता है। श्रद्धा में याचकता का भाव लेश मात्र भी नहीं है। श्रद्धा द्वारा हम अपने हृदय का परिचय मात्र देते हैं कि उसमें मार्मिकता या धर्म भाव है, सात्त्विक आचरण या प्रतिभा की कला में प्रसन्न होने की क्षमता है। यदि हमें किसी पर श्रद्धा है तो हमें उसके पास जाकर यह कहने की आवश्यकता नहीं है कि 'महाराज मेरी यह श्रद्धा स्वीकार हो'। इस प्रकार की

स्वीकृति की हमें कोई आवश्यकता नहीं। हम अपनी श्रद्धा लिए अपने घर बैठे रह सकते हैं। या उसे इस रीति से प्रकट कर सकते हैं जिस पर श्रद्धेय का कोई वश नहीं। यदि हमें किसी सुलेखक पर श्रद्धा है और वह हमसे रुष्ट है तो भी हम उसका सच्चा चित्र और चरित्र छाप सकते हैं। इसका स्वत्व हमें समाज द्वारा प्राप्त है—इसका हक हमें कानूनन हासिल है पर वहीं यदि हम उस सुलेखक से प्रेम करने चलें, उसके साथ-साथ लगे फिरें और हरदम उसे घेरे रहें तो वह हमें हटा सकता है। श्रद्धा प्रदर्शित करने का जितना विस्तृत सामाजिक अधिकार हमें प्राप्त है उतना उसके विपरीत भाव अश्रद्धा या घृणा प्रकट करने का नहीं, क्योंकि श्रद्धा यदि हमने भूल से या स्वार्थवश प्रकट की तो किसी को उतनी हानि नहीं, पर यदि घृणा भूल से या द्वेषवश प्रकट की तो व्यर्थ का असन्तोष और दुःख फैल सकता है।

ऊपर कहा जा चुका है कि श्रद्धा के विषय तीन हैं—शील, प्रतिभा और साधन सम्पत्ति। शील या धर्म से समाज की स्थिति, प्रतिभा से रंजन और साधन सम्पत्ति से शील साधन और प्रतिभा विकास दोनों की सम्भावना है। श्रद्धेय समाज की स्थिति या सुख का विधान करता है और समाज उसकी स्थिति और सुख का विधान करता है। समाज अपने श्रद्धालु प्रतिनिधियों को कभी तो उसे आपत्ति से बचाने के लिए भेजता है—कभी कुछ भेंट उसके सामने रखने के लिए। श्रद्धावश जो दान दिया जाता है वह उसी प्रकार की भेंट है। सच्चा दान दो प्रकार का होता है—एक वह जो दयावश दिया जाता है, दूसरा वह जो श्रद्धावश दिया जाता है। पंडितों, विद्वानों और धार्मिकों को जो दान दिया जाता है वह दयावश दिया जाता है। अन्धों, लूलों और लँगड़ों को जो दान दिया जाता है वह श्रद्धावश दिया जाता है। श्रद्धा सामर्थ्य के प्रति होती है और दया असामर्थ्य के प्रति। जनसाधारण अपनी दया द्वारा केवल असामर्थ्य के उपस्थित परिणामों का, कुछ स्थान के बीच और कुछ काल तक के लिए निवारण कर सकते हैं, अतः श्रद्धा द्वारा वे ऐसे असाधारण जनों को अपने वित्तानुसार थोड़ी-थोड़ी शक्ति दान करते हैं जो असामर्थ्य के कारणों के निराकरण में समर्थ होते हैं।

श्रद्धावश दान में उपयोगिता का तत्त्व छिपा हुआ है। स्मृतियों में श्रद्धावश दान पर बड़ा जोर दिया गया है और ऐसे दान के विषय में पात्रापात्र का विचार भी खूब किया गया है। विद्या दान में रत विद्वानों को, परोपकार में रत कर्मवीरों को, मानवज्ञान की वृद्धि में तत्पर तत्त्वान्वेषकों को जो अभाव हो उसे हमें समाज की भूख समझनी चाहिए। इन्हें जो कुछ हम श्रद्धावश देते

हैं, वह ठीक समाज के दुरुस्त पेट में जाता है, जहाँ से रस रूप में उसका संचार अंग-अंग में होता है। इसके विरुद्ध स्वार्थियों, अन्यायियों आदि को जो कुछ दिया जाता है वह समाज के अंग में उसी प्रकार नहीं लगता जिस प्रकार अतिसार या संग्रहणीवाले को खिलाया हुआ अन्न। भारतवर्ष में श्रद्धा का सम्बन्ध दान के साथ इतना गहरा समझा जाता है कि अश्रद्धापूर्वक दिया हुआ दान निष्फल माना जाता है। इसी से शुष्क प्रथानुसरण के रूप में भी यदि कुछ दिया जाता है तो श्रद्धा का नाम ले लिया जाता है। पंडों पुरोहितों को देते हुए यजमान भी कहता है कि 'महाराज! इतनी ही श्रद्धा है' और पंडे पुरोहित भी कहते हैं कि 'जितनी श्रद्धा हो उतना दो', यद्यपि इन पंडों और पुरोहितों के सम्बन्ध में सदा यह निश्चय नहीं रहता कि वे बड़े विद्वान्, बड़े धार्मिक या बड़े परोपकारी हैं। मनोविकार के उपयुक्त विषयों के निश्चय में कभी-कभी बुद्धि की भी थोड़ी बहुत आवश्यकता होती है। क्योंकि एक ही व्यक्ति के प्रति किसी को श्रद्धा होती है और किसी को अश्रद्धा। इसका कारण घृणा के अन्तर्गत अच्छी तरह दिखाया गया है।

श्रद्धा और प्रेम के योग का नाम भक्ति है। जब पूज्य भाव की वृद्धि के साथ श्रद्धाभाजन के सामीप्य लाभ की प्रवृत्ति हो, उसकी सत्ता के कई रूपों के साक्षात्कार की वासना हो, तब हृदय में भक्ति का प्रादुर्भाव समझना चाहिए। जब श्रद्धेय के दर्शन, श्रवण, कीर्तन, ध्यान आदि से आनन्द का अनुभव होने लगे—जब उससे सम्बन्ध रखनेवाले श्रद्धा के विषयों के अतिरिक्त बातों की ओर भी मन आकर्षित होने लगे, तब भक्तिरस का संचार समझना चाहिए। जब श्रद्धेय का उठना, चलना, फिरना, हँसना, बोलना, क्रोध करना आदि भी हमें अच्छा लगने लगे तब हम समझ लें कि हम उसके भक्त हो गये। भक्ति की अवस्था प्राप्त होने पर हम अपने जीवनक्रम पर भी अपना कुछ प्रभाव रखना चाहते हैं। कभी हम अर्पण करते हैं और कभी याचना करते हैं। सारांश यह कि भक्ति द्वारा हम भक्ति भाजन से विशेष घनिष्ठ सम्बन्ध स्थापित करते हैं—उसकी सत्ता में विशेष रूप से योग देना चाहते हैं। किसी के प्रति श्रद्धा धारण करके हम बहुत करेंगे तो समय-समय पर उसकी प्रशंसा करेंगे, उसकी निन्दा करनेवालों से झगड़ा करेंगे या कभी कुछ उपहार लेकर उपस्थित होंगे, पर जिसके प्रति हमारी अनन्य भक्ति हो जायेगी वह अपने जीवन के बहुत से अवसरों पर हमें अपने साथ देख सकता है। वह अपने बहुत से उद्योगों में हमारा योगदान पा सकता है। भक्त वे ही कहला सकते हैं जो अपने जीवन का बहुत अंश स्वार्थ (परिवार व शारीरिक

सुख आदि) से विभक्त करके किसी के आश्रय से किसी ओर लगा सकते हैं, इसी का नाम है आत्मनिवेदन।

महात्माओं के ऊपर श्रद्धामात्र करके हम उन्हें जीवनशक्ति द्वारा उपार्जित कोई फल अर्पित कर सकते हैं, पर उनके भक्त होकर हम अपने जीवन ही के कुछ अंश को अर्पित कर देते हैं। किसी वीरव्रती महात्मा पर बहुत श्रद्धालु होकर हम आर्थिक सहायता द्वारा उसके लिए कुछ सुबीता कर सकते हैं, अपने वचनों से उसे प्रसन्न और उत्साहित कर सकते हैं, पर उसके भक्त बनकर हम अपने शारीरिक बल को उसका शारीरिक बल बनाएँगे, अपनी जानकारी और चतुराई को उसकी जानकारी और चतुराई बनाएँगे, अपनी वाग्मिता को उसकी वाग्मिता बनाएँगे, अपनी तत्परता को उसकी तत्परता बनाएँगे, यहाँ तक कि जो कुछ हमसे होगा उसे हम उसका कर डालेंगे और इसी प्रकार उसके जीवन में अपने जीवन का योग देकर उसके सामाजिक महत्त्व या प्रभाव को बढ़ाएँगे और उसके थोड़े बहुत हम भी भागी होंगे। श्रद्धा द्वारा हम दूसरे के महत्त्व के किसी अंश के अधिकारी नहीं हो सकते, पर भक्ति द्वारा हो सकते हैं। यहाँ तक कि दूसरे की भक्ति करके हम तीसरे की भक्ति के अधिकारी हो सकते हैं। राम पर अनन्य भक्ति करके हनुमान, अन्य राम भक्तों की भक्ति के अधिकारी हुए।

श्रद्धालु महत्त्व को स्वीकार करता है, पर भक्त महत्त्व की ओर अग्रसर होता है। श्रद्धालु अपने जीवनक्रम को ज्यों का त्यों छोड़ता है; पर भक्त उसकी काटछाँट में लग जाता है। अपने आचरण द्वारा दूसरों की भक्ति के अधिकारी होकर ही संसार के बड़े-बड़े महात्मा समाज के कल्याण साधन में समर्थ हुए हैं। गुरु गोविन्द सिंह को यदि केवल दण्डवत करनेवाले और गद्दी पर भेंट चढ़ानेवाले श्रद्धालु ही मिलते, दिन-रात साथ रहनेवाले अपने सारे जीवन को अर्पित करनेवाले भक्त न मिलते तो वे अन्याय दमन में कभी समर्थ न होते। इससे भक्ति के सामाजिक महत्त्व को, इसकी लोकहितकारिणी शक्ति को स्वीकार करने में किसी को आगा-पीछा नहीं हो सकता। सामाजिक महत्त्व के लिए आवश्यक है कि या तो आकर्षित करो या आकर्षित हो। जैसे इस आकर्षण विधान के बिना अणुओं द्वारा व्यक्त पिंडों का आविर्भाव नहीं हो सकता, वैसे ही मानव जीवन की विशद अभिव्यक्ति भी नहीं हो सकती।

भक्ति में किसी ऐसे सान्निध्य की प्रवृत्ति होती है जिसके द्वारा हमारी महत्त्व के अनुकूल गति का प्रसार और प्रतिकूल गति का संकोच होता है। इस

प्रकार का सामीप्य लाभ करके हम अपने ऊपर पहरा बिठा देते हैं—अपने को ऐसे स्वच्छ आदर्श के सामने कर देते हैं जिससे हमारे कर्मों का प्रतिबिम्ब ठीक-ठीक दिखायी पड़ता है। जिसे अपनी वास्तविक क्षुद्रता का परिज्ञान अरुचिकर होगा वह सापेक्षिकता के भय से ऐसे महत्त्वादर्श का सामीप्य कभी न चाहेगा, दूर-दूर भागा फिरेगा। 'हमीं हम' वाले 'तुम भी' नहीं सह सकते, 'तुम्हीं तुम' की क्या बात है? ऐसे लोग तो स्वयं अपने लिए भक्त ढूँढ़ने निकलते हैं। भक्ति के लिए दैन्य अर्थात् दूसरे के महत्त्व के साथ अपने लघुत्व की भावना पहली बात है। इस भावना को जब हम मुक्त हृदय से मुग्ध होकर धारण करेंगे और दूसरे पर श्रद्धा कर लेंगे, तब हम उसके महत्त्व के सतत साक्षात्कार के लिए, अनेक रूपों में परिचय के लिए उसके सामीप्य की इच्छा करते हुए इस श्रद्धा में प्रेम का भी मिश्रण करेंगे और अपने बहुत से क्रियाकलाप को अपने पूज्य प्रेमपात्र के अधीन करके स्वयं महत्त्व के अभ्यास में प्रवृत्त होंगे। जन साधारण के लिए इस प्रकार के आश्रय द्वारा महत्त्व प्राप्ति सुगम होती है। जो उच्च पथ पहले कष्टकर और श्रमसाध्य जान पड़ता है वही भक्ति के बल से मनोहर लगने लगता है।

व्यक्ति सम्बन्धहीन सिद्धान्तमार्ग निश्चयात्मिका बुद्धि को चाहे व्यक्त हो, पर प्रवर्तक मन को अव्यक्त रहते हैं। वे मनोरंजनकारी तभी लगते हैं, जब किसी व्यक्ति के जीवनक्रम के रूप में देखे जाते हैं। शील की विभूतियाँ अनन्त रूपों में दिखायी पड़ती हैं। मनुष्य जाति ने जब से होश सँभाला, तब से वह इन अनन्त रूपों को महात्माओं के आचरणों तथा आख्यानों और चरित्र सम्बन्धी पुस्तकों में देखती चली आ रही है। जब इन रूपों पर मनुष्य मोहित होता है, तब सात्विक शील की ओर आप से आप आकर्षित होता है। 'सदा सत्य बोलो', 'दूसरों की भलाई करो', 'क्षमा करना सीखो'—ऐसे-ऐसे सिद्धान्त वाक्य किसी को बार-बार बकते सुन वैसा ही क्रोध आता है जैसे किसी बेहूदे की बात सुनकर। जो इस प्रकार की बातें करता चला जाय उससे चट कहना चाहिए—'बस चुप रहो, तुम्हें बोलने की तमीज नहीं, तुम बच्चों या कोल भीलों के पास जाओ। ये बातें हम पहले से जानते हैं। मानव जीवन के बीच हम इसके सौन्दर्य का विकास देखना चाहते हैं। यदि तुम्हें दिखाने की प्रतिभा या शक्ति हो तो दिखाओ, नहीं तो चुपचाप अपना रास्ता लो।' गुण प्रत्यक्ष नहीं होता, उसके आश्रय और परिणाम प्रत्यक्ष होते हैं। अनुभवात्मक मन को आकर्षित करनेवाले आश्रय और परिणाम हैं, गुण नहीं। ये ही अनुभूति के विषय हैं। अनुभूति पर प्रवृत्ति और निवृत्ति निर्भर है। अनुभूति मन की

पहली क्रिया है, संकल्प विकल्प दूसरी। अतः सिद्धान्त पथों के सम्बन्ध में जो आनन्दानुभव करने की बातें हैं, जो अच्छी लगने की बातें हैं, वे पथिकों में तथा उनके चारों ओर पाई जायेंगी। सत्पथ के दीपक उन्हीं के हाथ में हैं या वे ही सत्पथ के दीपक हैं। सत्त्वोन्मुख प्राणियों के लिए ऐसे पथिकों के सामीप्य लाभ की कामना करना स्वाभाविक ही है।

सामीप्य से अभिप्राय केवल किसी के साथ-साथ बना रहना नहीं है। श्रवण, कीर्तन और स्मरण आदि भी सामीप्य ही के विधान हैं। बाह्य और आभ्यन्तर दोनों प्रयत्नों से सामीप्य की सिद्धि होती है। स्मरण द्वारा हम अपने आराध्य को, उसके कर्मक्षेत्र को अपने अन्तःकरण के सामने उपस्थित करते हैं। यहाँ पर यह कहा जा सकता है कि जब हम इष्ट के कर्मक्षेत्र को सामने लाते हैं तब उसमें ऐसे लोग भी तो आ जाते हैं जिन पर हमारी कुछ भी भक्ति नहीं। हाँ, आते अवश्य हैं। इनके द्वारा हमारे इष्ट के स्वरूप का पूर्ग विकास दिखायी पड़ता है—इनके बीच उनका (इष्ट का) रंग और खुल पड़ता है। यदि राम हमारे काम के हैं तो रावण भी हमारे काम का है। एक में हम अपने लिए प्रवृत्ति का क्रम पाते हैं, दूसरे में निवृत्ति का। जीवन में इस निवृत्ति और प्रवृत्ति का प्रवाह साथ-साथ चलता है। दुराचारी भी यदि अपने दुराचार का फल संसार के सामने पूर्ण रूप से भोग लेता है तो समाज के लिए उपयोगी ठहर जाता है राम के हाथ से मारे जाने से रावण का जीवन भी सार्थक हो गया। यदि पापी अपने पाप का फल एकान्त में या आत्मा में ही, भोगकर चला जाता है तो वह अपनी जीवन की सामाजिक उपयोगिता की एकमात्र सम्भावना को भी नष्ट कर देता है। इसी से बहुत से प्रायश्चित्तों के विधान में किये हुए पापों का सबके समक्ष कथन आवश्यक होता है।

पाप का फल छिपानेवाला पाप छिपानेवाले से अधिक अपराधी है पर ऐसे बहुत से लोग होते हैं जो किसी का घर जलाते हाथ जलता है तो कहते हैं कि होम करते जला है। दुराचारियों के जीवन का सामाजिक उपयोग करने के लिए ही, संसार में धर्म की मर्यादा स्थापित करने के लिए ही श्रीकृष्ण ने अर्जुन को युद्ध में प्रवृत्त किया। यदि अधर्म में तत्पर कौरवों का नाश न होता और पांडव जीवन भर मारे मारे ही फिरते तो संसार में अन्याय और अधर्म की ऐसी लीक खिंच जाती जो मिटाने से न मिटती। जिस समाज में सुख और वैभव के रंग में रँगी अधर्म की ऐसी लीक दिखायी पड़े उसमें रक्षा करनेवाली आत्मा का अभाव तथा विश्वात्मा की विशेष कला के अवतार की आवश्यकता समझनी चाहिए, क्योंकि भगवान् श्रीकृष्ण ने कहा है—

यदा यदा हि धर्मस्य ग्लानिर्भवति भारत।
अभ्युत्थानमधर्मस्य तदात्मानं सृजाम्यहम् ।।

यदि कहीं पाप है, अन्याय है, अत्याचार है तो उनका आशुफल उत्पन्न करना और संसार के समक्ष रखना, लोकरक्षा का कार्य है। अपने ऊपर किये जानेवाले अत्याचार और अन्याय का फल ईश्वर के ऊपर छोड़ना व्यक्तिगत आत्मोन्नति के लिए चाहे श्रेष्ठ हो; पर यदि अन्यायी या अत्याचारी अपना हाथ नहीं खींचता है तो लोकसंग्रह की दृष्टि से वह उसी प्रकार आलस्य या कायरपन है जिस प्रकार अपने ऊपर किये हुए, उपकार का कुछ भी बदला न देना कृतघ्नता है।

अब भगवद्भक्ति को लीजिए। ऊपर जो कुछ कहा गया उससे स्पष्ट हो गया होगा कि मनुष्य की भक्ति के आधार क्या-क्या हैं। मनुष्य विश्व विधान का एक क्षुद्र चेतन अंश है। उसमें धर्म, अधर्म, दया, निष्ठुरता आदि से भाव विश्व के उतने ही अंश से सन्बन्ध रखते हैं जितने के भीतर उसे कार्य करना है। यह कार्य और कुछ नहीं, अपनी समष्टि स्थिति और सुख सन्तोष का प्रयत्न मात्र है। अपने कार्यक्षेत्र के बाहर यदि वह अपने इन भावों का सामंजस्य ढूँढ़ता है तो नहीं पाता है—कहीं उसे 'जीवो जीवस्य जीवनम्' का सिद्धान्त चलता दिखायी पड़ता है, कहीं लाठी और भैंस का। वह सोचता है कि इन बातों का अनुसरण मनुष्य समाज में भी जानबूझकर क्यों न किया जाये, यह नहीं सोचता कि मनुष्य जाति की स्थिति इन अवस्थाओं से बहुत आगे बढ़ी है और चेतना की श्रेणी में उससे आगे की ओर से कोई भूमि दिखायी नहीं पड़ रही है। वह दया को निरर्थक समझ अपने अन्तःकरण का एक अंग ही खंडित करना चाहता है। वह किसी को काना देखकर अपनी एक आँख फोड़ने चलता है। कुछ दिन पहले की सभ्यता मनुष्य जीवन को देवतुल्य बनाने में थी; अब मर्कटतुल्य और मत्स्यतुल्य बनाने में समझी जाने लगी है। पर यह सभ्यता जड़त्व और नाश की ओर ले जानेवाली है जब हृदय की कुछ उदात्त प्रवृत्तियाँ बोझ मालूम होने लगी हैं। तब और प्राणियों की अपेक्षा अपने अन्तःकरण की पूर्णता का गर्व मनुष्य जाति कब तक कर सकती है? उसके मार्मिक अंग की व्यापकता के ह्रास और स्तब्धता की वृद्धि के भयंकर परिणाम का आभास योरप दे रहा है। अन्तःकरण की जितनी वृत्तियाँ हैं उनमें से कोई निरर्थक नहीं—सबका उपयोग है। इनमें से किसी की शक्ति फालतू नहीं। यदि मनुष्य इनमें से किसी को निष्क्रिय करने का अभ्यास डालेगा तो अपनी पूर्णता को खोएगा और अपनी स्थिति को जोखिम में डालेगा।

मिट्टी के ढेले, गुलाब के पौधे, कुत्ते और बिल्ली की अपेक्षा मनुष्य अपने में अंशी का अधिक अंश समझता है—उस सर्वात्मा का अधिक अंश समझता है—विश्व विधान जिसकी नित्य क्रिया है; अतः स्थिति रक्षा विधान की जो-जो बातें अपने में हैं उनका अभाव उसे अंशी या सर्व में मानते नहीं बनता। दया, दाक्षिण्य, प्रेम, क्रोध आदि अपनी अंशात्मा में देखते हुए सर्वात्मा में उनके अभाव की धारणा मनुष्य करे तो कैसे करे? अतः ज्ञान क्षेत्र में ईश्वर की खोज हम उतने ही घेरे में करेंगे जितने में इंद्रियों की सहायता लेकर बुद्धि पहुँचती है और कर्मक्षेत्र में उसकी भावना हम उसे उतने ही भावों से परिमित करके करेंगे जितने की हमारे मन में जगह है। हम हैं, हम समझते हैं कि हम हैं और हम चाहते हैं कि हम रहें, ऐसी अवस्था में हम अपने स्थिति रक्षा सम्बन्धी भावों को परमावस्था पर पहुँचाकर ही उस परम भावमय की भावना करेंगे। हम उसे धर्ममय, दयामय, प्रेममय मानेंगे और यह प्रेम उसी रूप का होगा जिस रूप में उसका व्यवहार मनुष्य जाति में दिखायी पड़ता है, जिस रूप में मनुष्य जाति को उसकी आवश्यकता पड़ती है। अत्याचारी से पीड़ित होकर मनुष्य उसके कोप का आह्वान करता है, आपद्ग्रस्त होकर उसकी दया का भिखारी होताहै, सुख से सम्पन्न होकर उसके धन्यवाद के लिए हाथ उठाता है, भक्ति से पूर्ण होकरउसके आश्रय की वांछा करता है। ये ही व्यवहार वह मनुष्यों के साथ भी करता है।

अपने व्यवहार पथ में आश्रय प्राप्ति के निमित्त मनुष्य के लिए ईश्वर की स्वानुरूप भावना ही सम्भव है। स्वानुभूति द्वारा ही वह उस परमानुभूति की धारणा कर सकता है। इसी से भर्तृहरि ने 'स्वानुभूत्यैकमानव' कहकर नमस्कार किया है। यदि चिन्मय में अपनी इतनी अनुभूति का भी निश्चय मनुष्य को न हो वह प्रार्थना आदि क्यों करने जाये? कुत्ते प्रार्थना क्यों नहीं करते? उनमें धर्म की प्रतिष्ठा नहीं है—अर्थात् वे चेतना की उस भूमि तक नहीं पहुँचे हैं जिनमें समष्टि स्थिति की रक्षा से सम्बन्ध रखने वाले भावों का संचार होता है। वे यह नहीं जानते कि एक-दूसरे को काटने दौड़ने से कुक्कुर समाज की उन्नति और वृद्धि नहीं हो सकती। समष्टि रक्षा या धर्म की ओर प्रवृत्त करनेवाले दया आदि भाव उन्हें प्राप्त नहीं हैं। उनमें स्वार्थ का भाव है, परमार्थ का भाव नहीं। 'धर्मो रक्षति रक्षितः' की धारणा उन्हें नहीं होती। जहाँ धर्मभाव है वहीं ईश्वर की भावना है। जिन प्राणियों में जिन भावों का विकास नहीं हुआ है उनमें उनकी चरितार्थता की आवश्यकता प्रकृति नहीं समझती।

भक्ति का स्थान मानव हृदय है—वहीं श्रद्धा और प्रेम के संयोग से उसका प्रादुर्भाव होता है। अतः मनुष्य की श्रद्धा के जो विषय ऊपर कहे जा चुके हैं उन्हीं को परमात्मा में अत्यन्त विशद रूप में देखकर ही उसका मन खिंचता है और वह उस विशद रूप विशिष्ट का सामीप्य चाहता है, उसके हृदय में जो सौन्दर्य का भाव है, जो शील का भाव है, जो उदारता का भाव है, जो शक्ति का भाव है, उसे वह अत्यन्त पूर्ण रूप में परमात्मा में देखता है और ऐसे पूर्ण पुरुष की भावना से उसका हृदय गद्गद हो जाता है और उसका धर्मपथ आनन्द से जगमगा उठता है। धर्मक्षेत्र या व्यवहार पथ में वह अपने मतलब भर ही ईश्वरता से प्रयोजन रखता है। राम, कृष्ण आदि अवतारों में परमात्मा की विशेष कला देख एक हिन्दू के हृदय की सारी शुभ और आनन्दमयी वृत्तियाँ उनकी ओर दौड़ पड़ती हैं, उनके प्रेम, श्रद्धा आदि को बड़ा भारी अवलम्ब मिल जाता है। उसके सारे जीवन में एक अपूर्व माधुर्य और बल का संचार हो जाता है। उसके सामीप्य का आनन्द लेने के लिए कभी वह उनके अलौकिक रूप सौन्दर्य की भावना करता है, कभी उनकी बाललीला के चिन्तन से विनोद प्राप्त करता है, कभी धर्म-बलपूर्ण उनके निर्मल चरित्र का गान करता है, कभी सिर झुकाकर वन्दना करता है, यहाँ तक कि जब जी में आता है, प्रेम से भरा उलाहना भी देता है। यह हृदय द्वारा अर्थात् आनन्द अनुभव करते हुए धर्म में प्रवृत्त होने का सुगम मार्ग है। भक्ति हृदय से की जाती है। बुद्धि से भक्ति करना ऐसे ही है जैसे नाक से खाना और कान से सूँघना। हमारे यहाँ भक्ति विधान के अन्तर्गत श्रवण, कीर्तन, स्मरण, सेवा, अर्चन, वन्दन, दास्य, सख्य और आत्म निवेदन ये नौ बातें ली गयी हैं। जैसा कि ऊपर कहा जा चुका है कोरी श्रद्धा में याचकता का भाव नहीं है, जब प्रेम के साथ उसका संयोग होता है तभी इस भाव की प्राप्ति होती है। श्रद्धावान् श्रद्धेय पर अपने निमित्त किसी प्रकार का प्रभाव डालना नहीं चाहता, पर भक्त दाक्षिण्य चाहता है।

रामलीला, कृष्णलीला आदि सामीप्य सिद्धि के विधान हैं। सामीप्य की कामना, भक्तवर रसखान ने बड़ी मार्मिकता से इस प्रकार प्रकट की है—

मानुष हों तो वही 'रसखान'
बसौं सँग गोकुल गाँव के ग्वारन।
जो पसु हों तो कहा बस मेरो,
चरौं नित नन्द के धेनु मझारन।
पाहन हों तो वही गिरि को,
जो किये हरि छत्र पुरन्दर धारन।

जो खग हों तो बसेरो करौ,
मिलि कालिन्दी कूल कदम्ब के डारन ॥

रामलीला द्वारा लोग वर्ष में एक बार अपने पूज्यदेव की आदर्श मानवलीला का माधुर्य देखते हैं। जिस समय दूर-दूर के गाँवों के लोग एक मैदान में आकर इकट्ठे होते हैं तथा एक ओर जटा मुकुटधारी विजयी राम लक्ष्मण की मधुर मूर्ति देखते हैं और दूसरी ओर तीरों से बिंधा रावण का विशाल शरीर जलता देखते हैं, उस समय वे धर्म के सौन्दर्य पर लुब्ध और अधर्म की घोरता पर क्षुब्ध हो जाते हैं। इसी प्रकार जब कृष्णलीला में जीवन की प्रफुल्लता के साथ धर्मरक्षा के अलौकिक बल का विकास देखते हैं, तब हमारी जीवन धारणा की अभिलाषा दूनी चौगुनी हो जाती है। हिन्दू जाति इन्हीं की भक्ति के बल से इनकी प्रतिकूल अवस्थाओं के बीच अपना स्वतन्त्र अस्तित्व बचाती चलती चली आयी है—इन्हीं की अद्भुत आकर्षणशक्ति से वह इधर-उधर ढलने नहीं पायी है। राम और कृष्ण को बिना आँसू बहाए छोड़ना हिन्दू जाति के लिए सहज नहीं था, क्योंकि ये अवतार अलग टीले पर खड़े होकर उपदेश देनेवाले नहीं थे, बल्कि मानव जीवन में पूर्ण रूप से सम्मिलित होकर उसके एक-एक अंग की मनोहरता दिखानेवाले थे। मंगल के अवसरों पर उनके गीत गाए जाते हैं—विमाताओं की कुटिलता की, बड़ों के आदर की, दुष्टों के दमन की, जीवन के कष्ट की, घर की, वन की, सम्पद की, विपद की जहाँ चर्चा होती है, वहाँ इनका स्मरण किया जाता है।

संसार से तटस्थ रहकर शान्ति सुखपूर्वक लोक व्यवहार सम्बन्धी उपदेश देनेवालों का उतना अधिक महत्त्व हिन्दू धर्म में नहीं है जितना संसार के भीतर घुसकर उसके व्यवहारों के बीच सात्विक विभूति की ज्योति जगानेवालों का है। हमारे यहाँ उपदेशक ईश्वर के अवतार नहीं माने गये हैं। अपने जीवन द्वारा कर्म सौन्दर्य संघटित करने वाले ही अवतार कहे गये हैं। कर्म सौन्दर्य के योग से उनके स्वरूप में इतना माधुर्य आ गया है कि हमारा हृदय आप से आप उनकी ओर खिंचा पड़ता है। जो कुछ हम करते हैं—खेलना, कूदना, हँसना, बोलना, क्रोध करना, शोक करना, प्रेम करना, विनोद करना, उन सबमें सौन्दर्य लाते हुए हम जिन्हें देखेंगे उन्हीं की ओर ढल सकते हैं। वे हमें दूर से रास्ता दिखानेवाले नहीं हैं, आप रास्ते में चलकर हमें अपने पीछे लगाने क्या खींचनेवाले हैं। जो उसके स्वरूप पर मोहित न हो वह निस्सन्देह जड़ है।

सुनि सीतापति सील सुभाउ।
मोद न मन, तन पुलक, नयन जल सो नर खेहर खाउ ॥

जो उनका नाम सुनकर पुलकित होता है, जो उनके स्वरूप पर मोहित होता है, उसके सुधरने की बहुत कुछ आशा हो सकती है। जो संसार या मनुष्यत्व का सर्वथा त्याग न कर दे, उसके लिए शुद्ध सात्विक जीवन का यही मार्ग है। रागों के सम्पूर्ण दमन की अपेक्षा रागों का परिष्कार ज्यादा काम में आनेवाली बात है। निर्लिप्त रहकर दूसरों का गला काटनेवालों से लिप्त होकर दूसरों की भलाई करनेवाले लोक कल्याण के विचार से कहीं अच्छे हैं।

जनता के सम्पूर्ण जीवन को स्पर्श करनेवाला क्षात्रधर्म के इसी व्यापकत्व के कारण हमारे मुख्य अवतार राम और कृष्ण क्षत्रिय हैं। क्षात्रधर्म ऐकांतिक नहीं है। उसका सम्बन्ध लोकरक्षा से है। 'कोई राजा होगा तो अपने घर का होगा' इससे बढ़कर झूठ शायद ही कोई मिले। झूठे खिताबों के द्वारा यह कभी सच नहीं की जा सकती। कर्म सौन्दर्य की योजना क्षात्र जीवन में जितने रूप में सम्भव है, उतने रूपों में और किसी जीवन में नहीं। शक्ति के साथ क्षमा, वैभव के साथ विनय, पराक्रम के साथ रूप माधुर्य, तेज के साथ कोमलता, सुख भोग के साथ परदुःखकातरता; प्रताप के साथ कठिन धर्म पथ का अवलम्बन इत्यादि कर्म सौन्दर्य के इतने अधिक प्रकार के उत्कर्ष योग और कहाँ घट सकते हैं। इसी से क्षात्र धर्म के सौन्दर्य में जो मधुर आकर्षण है वह अधिक व्यापक, अधिक मर्मस्पर्शी और अधिक स्पष्ट है। मनुष्य की सम्पूर्ण रागात्मिका वृत्तियों को उत्कर्ष पर ले जाने और विशुद्ध करने की सामर्थ्य उसमें है।

संसार में मनुष्य मात्र की समान वृत्ति कभी नहीं हो सकती। इस बात को भूलकर जो उपदेश दिये जाया करते हैं वे पाखंड के अन्तर्गत आते हैं। वृत्तियों की भिन्नता के बीच से जो मार्ग निकल सकेगा वही लोकरक्षा का मार्ग होगा, वही धर्म का चलता हुआ मार्ग होगा। जिसमें शिष्टों के आदर, दीनों पर दया, दुष्टों के दमन आदि जीवन के अनेक रूपों का सौन्दर्य दिखायी पड़ेगा, वही सर्वांगपूर्ण लोकधर्म का मार्ग होगा। क्षात्रधर्म पालन की आवश्यकता संसार में सब दिन बनी रहेगी। कोई व्यापारयुग उसे नहीं हटा सकता। किसी अनाथ अबला पर अत्याचार करने पर एक क्रूर पिशाच को हम उद्यत देख रहे हैं। समझाना बुझाना या तो व्यर्थ है अथवा उसका समय ही नहीं है। ऐसी दशा में यदि उस अबला की रक्षा इष्ट है, तो हमें चटपट उस कर्म में प्रवृत्त होना होगा जिससे उस दुष्ट को बाधा पहुँचे। उस समय का हमारा क्रोध कितना सुन्दर और अक्रोध कितना गर्हित होगा।

शब्दार्थ

आनन्द पद्धति = आनन्द की परम्परा; **वांछित** = आवश्यक; **सद्वृत्तियों** = अच्छी प्रवृत्तियों, आदतों; **अनिर्दिष्ट** = निर्देश नहीं दिया हुआ; **समष्टि** = सृष्टि, समग्रता; **कृतज्ञ** = अहसानमन्द; **सम्बद्ध** = जुड़ा हुआ; **त्रुटि** = कमी; **परश्रद्धाकर्षण** = दूसरे के प्रति श्रद्धा का आकर्षण; **निराहार** = भूखे पेट; **द्वेषवश** = जलन के मारे; **तत्त्वान्वेषकों** = तत्त्वों के अन्वेषक; **उपार्जित** = उपजाया हुआ; **लोकहितकारिणी** = लोकहित, साधारण जनता का हित करने वाली; **सामीप्य** = नजदीकी; **मत्स्यतुल्य** = मछली के बराबर; **प्रादुर्भाव** = आगमन, आना; **परदुःखकातरता** = दूसरे के दुःख में; **पाषण्ड** = पाखण्ड।

हजारीप्रसाद द्विवेदी

भारतीय दर्शन, इतिहास एवं पुरातत्त्व के गम्भीर एवं व्यापक अध्येता हजारीप्रसाद द्विवेदी का जन्म 19 अगस्त 1907 में ओझावालिया में और देहावसान 19 मई 1979 को हुआ। काशी से शिक्षा ग्रहण की तथा 'साहित्यशास्त्राचार्य' की उपाधि से सम्मानित हुए। हिन्दी एवं संस्कृत में तो गहन अभिरुचि रही परन्तु बांग्लाभाषा व साहित्य का भी गहन अध्ययन किया। पर्याप्त समय तक रवीन्द्रनाथ टैगोर के सम्पर्क में शान्तिनिकेतन में समय व्यतीत किया अतएव रवीन्द्र विचारधारा का प्रबल प्रभाव पड़ा। साहित्य में मानवतावादी विचारधारा सर्वत्र विद्यमान है क्योंकि इनकी दृष्टि में शास्त्र, कला के सम्मुख मानव जाति के उन्नयन से बड़ा कोई भी लक्ष्य नहीं है। इस लक्ष्य की सिद्धि में भी मानव जाति की सार्थकता है। विद्वान साहित्यकार को आगरा विश्वविद्यालय ने डी.लिट्. की उपाधि से सम्मानित किया। द्विवेदी जी कुशल वक्ता होने के साथ-साथ अनुसन्धाता, आलोचक, इतिहास-लेखक, उपन्यासकार एवं सफल निबन्धकार भी रहे।

हजारीप्रसाद द्विवेदी के निबन्धों में उनकी मानवतावादी दृष्टि एवं बहुज्ञता का परिचय स्पष्टतः दृष्टिगोचर होता है। किसी भी विषय का विवेचन एवं विश्लेषण करते हुए उनके मनुष्यता के प्रति आग्रह को देखा जा सकता है। यह आग्रह है—मनुष्य के एकत्व की अनुभूति का आग्रह क्योंकि यही मनुष्य की चरम मनुष्यता है। अतीत विश्लेषण को वे वर्तमान की प्रगति के लिए महत्त्वपूर्ण मानते हैं और वर्तमान को सुन्दर बनाने के लिए इन्हें उपयोग में लाने का आग्रह भी करते हैं। साहित्य एवं भाषा की समस्याओं को लेकर द्विवेदी जी ने बहुत से निबन्ध लिखे। सांस्कृतिक विषयों के प्रति भी आकर्षित होते हुए दिखलाई पड़ते हैं क्योंकि सांस्कृतिक वैभव की चेतना को वह अनिवार्य मानते हैं। भाषा-शैली में भाषण का सा प्रवाह दिखलाई पड़ता है। भाषा में वस्तुतः इनका व्यक्तित्व झलक उठता है। एक ओर संस्कृत का वैभव तो दूसरी ओर लोक-जीवन में अपेक्षित भाषा की सहजता इनके निबन्धों की भाषा की विशिष्टता है। संस्कृत, लोक-जीवन तथा

अंग्रेजी-उर्दू सभी को आत्मसात करती हुई भाषा है। इनकी दृष्टि समन्वयात्मक एवं उदार है। अतएव उसी के अनुकूल सर्वत्र भाषा भी दिखलाई पड़ती है। व्यंग्य का पुट भी मिलता है। सहज प्रतिभा, विद्वत्ता व गहन अध्ययन—सभी द्विवेदी जी के निबन्धों में विद्यमान है।

निबन्ध सार : भारतीय साहित्य की प्राण-शक्ति

भारतीय संस्कृति, इतिहास एवं दर्शन को साहित्य में प्रतिष्ठित करने का श्रेय आचार्य हजारी प्रसाद द्विवेदी को जाता है। मानवतावादी दृष्टि और ज्ञान की विभिन्न शाखाओं का परिचय पाठक से करवाने में द्विवेदी जी का कोई सानी नहीं। प्रस्तुत निबन्ध में भारतीय साहित्य पर विचार विश्लेषण किया गया है। प्रस्तुत निबन्ध में भारतीय तथा पाश्चात्य साहित्य का तुलनात्मक अध्ययन किया गया है। बताया गया है कि भारतीय साहित्य में पुनर्जन्म और कर्मफल का सिद्धान्त का व्यापक प्रभाव हिन्दू संस्कृति पर पड़ा है। पाश्चात्य साहित्य में, विशेषकर ग्रीक साहित्य में भी यह मिलता है। भारतीय दर्शन आत्मा जैसी स्थायी वस्तु को भी मानता है। हमारा दर्शन व साहित्य आत्मा-परमात्मा, लोक-परलोक, ज्ञान और दर्शन से भरपूर है। उसमें इन दर्शनों की महत्त्वपूर्ण भूमिका है। माया और कर्म को समझाने के लिए भी अनेक ग्रन्थों की रचना की गयी है। आत्मा का अनश्वर होना, चरमज्ञान, जीव मुक्ति, कर्मबन्धन, कर्मफल आदि महत्त्वपूर्ण निष्कर्ष उक्त विश्लेषण से निकलते हैं।

द्विवेदी जी मनु के सन्दर्भ से ऋणों से मुक्ति तथा मोक्ष के लिए यज्ञों की बात कहते हैं। आगे वे बताते है कि विदेशी ज्ञान को भी भारतीय पण्डितों ने अपना ज्ञान बताकर प्रस्तुत किया है। इसी कारण बहुत से हिन्दू-विश्वासों का सृजन भी हुआ है। यही कारण है कि हजारों सालों तक शोषित रहकर भी नीच कही जाने वाली जातियों ने विद्रोह नहीं किया क्योंकि वो भी उन विश्वासों को मानती थीं।

यूरोपीय विद्वान यह नहीं समझ सके कि भारतीय साहित्य जीवित जातियों का साहित्य है। यदि हम भारतीय दृष्टि से देखेंगे तो पश्चिम का बहुत कुछ मूल्यवान खों देंगे। उसी प्रकार ग्रीक चश्मे से भारतीय संस्कारों को देखना भी व्यर्थ तथा अनुचित है। अतः साहित्य आलोचना के लिए अपने संस्कारों से बहुत ऊपर उठने की आवश्यकता है। अपने विश्वासों से जुड़े रहकर भी सौन्दर्य, आदर्श तथा उनकी सृष्टि को समझना महत्त्वपूर्ण है।

भारतीय साहित्य की प्राण-शक्ति

हजारीप्रसाद द्विवेदी

भारतीय साहित्य का अध्ययन करने वाले हर कि सी को एक बात लगेगी। वह यह कि इस समूचे साहित्य में 'अकस्मात्' घट जाने वाली कोई बात नहीं पायी जाती। जो बात ग्रीक ट्रेजेडी की जान है, वही भारतीय साहित्य में सावधानी के साथ दूर रखी गयी है। यहाँ के काव्यों और नाटकों के लेखकों में से अधिकांश की प्रवृत्ति यह रही है कि उसकी कथा लोकविश्रुत हो और उसका नायक और उसकी नायिका प्रसिद्ध वंशजात और इतिहास-समर्थित पुरुष-स्त्री हों। विदेशी साहित्य में पाठक की कुतूहली वृत्ति को सदा जागरूक रखने की जो चेष्टा है, भारतीय साहित्य में उसका एकान्त अभाव कभी-कभी विदेशी पाठक को खटक जाता है और कभी-कभी आधुनिक शिक्षा प्राप्त भारतीय विद्वान को भी सदोष जान पड़ता है। इसीलिए भारतीय साहिथ्य के अध्येता के लिए इस प्रवृत्ति का कारण जान लेना बहुत आवश्यक है। अगर वह इस प्रवृत्ति को नहीं जानता तो भारतीय साहित्य के आधे गुण-दोष को वह नहीं पहचान सकता। उसकी प्रशंसा और उसकी निन्दा, दोनों ही समान भाव से उपेक्षणीय होगी। सारे संसार की अपेक्षा भारतवर्ष के साहित्य की एक निश्चित विशेषता है और उस विशेषता का कारण एक भारतीय विश्वास है। यह है पुनर्जन्म और कर्मफल का सिद्धान्त। प्रत्येक पुरुष को अपने किये का फल भोगना ही पड़ेगा। प्रलय भी हो जाये तो भी वह अपनी करनी के फल से मुक्त नहीं हो सकता। 'महाभारत' में कहा गया है कि पूर्व सृष्टि में प्रत्येक प्राणी ने जो कुछ कर्म किया हो, वह कर्म पुनः पुनः सृज्यमान होता हुआ उसे परवर्ती काल में भी मिलेगा ही। फिर वह उसे भोगने को तैयार हो या नहीं। समस्त भारतीय साहित्य में पुनः पुनः कर्मबन्ध से मुक्त होने का उपाया बताया गया है। समस्त शास्त्र अपना अन्तिम लक्ष्य जन्म-कर्म के बन्धन से छुटकारा पाने को कहते हैं। इस सिद्धान्त का जितना व्यापक और

जबर्दस्त प्रभाव हिन्दू संस्कृति, हिन्दू साहित्य और हिन्दू जीवन पर पड़ा है, उतना किसी भी और दार्शनिक सिद्धान्त का किसी भी और जाति पर पड़ा है या नहीं, नहीं मालूम।

पुनर्जन्म का सिद्धान्त वैसे तो खोजने पर अन्यान्य देशों में भी किसी-न-किसी रूप में मिल सकता है, परन्तु कर्मफल-प्राप्ति का सिद्धान्त कहीं भी नहीं मिलता। यह बात इतनी सच है कि पिछली शताब्दी में पण्डितों में यह साधारण विश्वास-सा हो गया था कि जहाँ कहीं पुनर्जन्म का सिद्धान्त है, वहीं वह भारतीय मनीषा की देन है। सुप्रसिद्ध ग्रीक दार्शनिक पाइथागोरस ने पुनर्जन्म के सिद्धान्त को माना है और उसे लेकर प्राच्य विधा-विशारदों में एक समय में काफी मनोरंजक वाग्युद्ध हो गया है। विलियम जोन्स, कोलब्रुक, गार्वे, होपकिंस प्रभृति विदेशी विद्वानों ने स्वीकार किया है कि उक्त सिद्धान्त को पाइथागोरस ने किसी भारतीय पण्डित से ही सीखा था। कुछ यूरोपियन पण्डितों को यह भारतीय गौरव पसन्द नहीं। इन लोगां ने यह सिद्ध करने का भरपूर प्रयत्न किया है कि हिन्दुओं ने ही उक्त बात ग्रीक पण्डित से सीखी होगी। प्रो. बर्नेट ऐसे ही विद्वानों में प्रमुख है। सुप्रसिद्ध प्राच्य-विधा-विशारद् डॉ. बी.ए. कीथ ने इस विषय पर एक बहुत ही अध्ययनपूर्ण प्रबन्ध लिखा था, जिसमें वे इस नतीजे पर पहुँचे थे कि पाइथागोरस के ऊपर किसी भारतीय मत का प्रभाव तो नहीं है, पर निःसन्देह कर्मबन्ध का भारतीय सिद्धान्त अद्वितीय है। जो कोई भी भारतीय धर्ममत और साहित्य को जानना चाहता है, वह इस सिद्धान्त को जाने बिना अग्रसर नहीं हो सकता। देखा जाये, यह सिद्धान्त क्या है?

साधारणतः समस्त भारतीय मनीषियों ने इस गुणमय जगत् पर विचार करके यह निष्कर्ष निकाला है कि इसमें दो अत्यन्त स्पष्ट तत्त्व हैं। एक शाश्वत् है, दूसरा परिवर्तनशील; एक सदा एकरस है दूसरा नाशमान्; एक चेतन है, दूसरा जड़। मतभेद तब शुरू होता है, जब उनके सम्बन्धों पर विचार किया जाता है। एक तरह के पण्डित हैं, जो इन दोनों तत्त्वों को स्वतन्त्र मानते हैं; इन दोनों का सम्बन्ध केवल योग्यता का सम्बन्ध है; परन्तु दूसरे आचार्य हैं, जो मानते हैं कि वस्तुतः इन दोनों की सत्ता नहीं है, दूसरा पहले की ही शक्ति है। पहले को आत्मा कहते हैं, सांख्यवादी उसे 'पुरुष' कहते हैं और दूसरे तत्त्व को प्रकृति या माया कहते हैं। 'गीता' में भगवान ने प्रकृति को अपने ही अधीन बताया है और कहा है कि मेरे द्वारा नियोजित होकर ही प्रकृति इस सचराचर सृष्टि को प्रसव करती है (गीता-9, 10)। वेद-वाह्य बौद्धादि सम्प्रदाय के लोग यह मानते हैं कि यह चेतन सत्ता साधना के द्वारा जब प्रकृति के बन्धनों से मुक्त होती है तो उसी

प्रकार लुप्त हो जाती है, जिस प्रकार दीपक की लौ, परन्तु इस बात में वे भी विश्वास करते हैं कि शरीर और इन्द्रियादि की अपेक्षा वह वस्तु अधिक स्थायी है। वह सैकड़ों जन्म ग्रहण करने के बाद सैकड़ों शरीरों, इन्द्रियों से युक्त हो लेने के बाद निर्वाण की अवस्था को अर्थात बुझ जाने की अवस्था को प्राप्त होती है।

सांख्यशास्त्रियों के मत से पुरुष अनेक हैं और प्रकृति उन्हें अपने मायाजाल में बाँधती है। पुरुष विशुद्ध चेतनस्वरूप, उदासीन और ज्ञाता है। जब तक उसे अपने इस स्वरूप का ज्ञान नहीं हो जाता, तभी तक वह उसके जाल में फँसा रहता है। यह दृश्यमान जगत् वस्तुतः प्रकृति का ही विकास है।

जो हो, इस विषय में भारतीय दार्शनिकों में प्रायः कोई मतभेद नहीं कि आत्मा नामक कोई स्थायी वस्तु है, जो बाहरी दृश्यमान् जगत के विविध परिवर्तनों के भीतर से गुजरता हुआ सदा एकरस रहता है। ये पण्डित स्वीकार करते हैं कि जब तक ज्ञान नहीं हो जाता, तब तक यह आत्मा जन्म-कर्म के बन्धन से मुक्त नहीं हो जाती। अब प्रश्न यह है कि यदि यह पुरुष या आत्मा उदासीन है, या दुःख-सुख से परे है और चित्स्वरूप है तो जन्म और कर्म के बन्धन में पड़ता कैसे है और मृत्यु के बाद एक जन्म का कर्मफल दूसरे जन्म में ढोकर क्यों ले जाता है? जो निर्गुण है, उसे आधार बनाकर पाप और पुण्य के फल कैसे दूसरे जन्म में पहुँच जाते हैं? क्योंकि यह तो सभी मानते हैं कि कर्मफल जड़ है, अतः उनमें इच्छा नहीं होती, इसलिए यह तो साफ प्रकट है कि वे इच्छापूर्वक आत्मा का पीछा नहीं कर सकते, फिर यह कैसे सम्भव है कि इस जन्म का कर्मफल दूसरे जन्म में मिलता ही है? सीधा जवाब यह है कि ईश्वर इस व्यवस्था को इस ढंग से चला रहा है, परन्तु यह उत्तर युक्तिवादी दार्शनिकों को पसन्द नहीं है। वे उसका और कोई कारण बताते हैं।

इस प्रश्न का उत्तर देने के लिए शास्त्रकारों ने लिंग-शरीर की बात बतायी है। यह तो निश्चित है कि आत्मा एक शरीर से दूसरे में संक्रमित होती है। 'गीता' में भगवान ने कहा है कि जिस प्रकार मनुष्य पुराने वस्त्र को छोड़कर नया धारण करता है, उसी प्रकार आत्मा जीर्ण शरीर को परित्याग कर नवीन शरीर धारण करती है (गीता-2। 22)। इसी प्रकार 'बृहदारण्यक उपनिषद' में बताया गया है कि जोंक जिस प्रकार एक तृण से दूसरे पर जाते समय पहले अपने शरीर का अगला हिस्सा रखती है और फिर बाकी हिस्से को खींच लेती है, उसी प्रकार आत्मा पुराने शरीर को छोड़कर नये शरीर में प्रवेश करता है। आत्मा को जब अपनी और प्रकृति या माया की वास्तविक सत्ता का ज्ञान हो जाता है, तभी कर्मबन्ध से मुक्त हो जाती है। भगवान ने 'गीता' में कहा है कि ज्ञान की अग्नि

समस्त कर्मों को भस्मसात् कर देती है और ज्ञान से बढ़कर कोई वस्तु पवित्र नहीं है (गीता-4। 37-38)। उपनिषदों में ब्रह्म को सत्य-स्वरूप, ज्ञान-स्वरूप और आनन्द-स्वरूप कहा गया है (तैत्तिरीय–2। 1, बृहदारण्यक–3। 6। 22)। ऐसा मानने के कारण समूचा हिन्दू-साहित्य ज्ञान को एक विशेष दृष्टिकोण से देखता है। वह यह नहीं मानता कि ज्ञान की प्राप्ति में मनुष्य नित्य अग्रसर होता जा रहा है। उसकी दृष्टि में चरम ज्ञान अपने आप में ही है। यद्यपि ज्ञान अनन्त है पर उसका अपना वास्तविक रूप भी वैसा ही है, इसलिए चरम और अनन्त ज्ञान को पाना असम्भव तो है ही नहीं, उसके साध्य के भीतर भी है। हिन्दू-साहित्य में इसीलिए नित्य नवीन ज्ञान के अनुसन्धान के प्रति एक प्रकार की उदासीनता का भाव है। वह उस विद्या को विद्या ही नहीं मानता, जो मुक्ति का कारण न हो, जो मनुष्य को कर्म-बन्धन से छुटकारा न दिला दे। इस बात ने भी सारे हिन्दू-साहित्य को प्रभावित किया है।

शास्त्रकारों ने कर्म को समझाने के लिए कई प्रकार के भेद किये हैं। 'मनुस्मृति' में कहा गया है कि कायिक, वाचिक और मानसिक, ये तीन प्रकार के कर्म हैं और उनकी गति भी उत्तम, मध्यम और अधम भेद से तीन प्रकार की होती है (मनु–123)। शातातप ने सैकड़ों प्रकार के पापों, उनके फलस्वरूप प्राप्त होने वाले रोगों का उल्लेख किया है और उनके प्रायश्चित्त का भी विधान किया है। पुराणों में कर्मविपाक के विषय में बहुत कुछ कहा गया है। 'गरुड़पुराण' में विस्तृत रूप से अनेक कर्म और तज्जन्य प्राप्य फलों का उल्लेख है। शास्त्रों में साधारणतः तीन प्रकार के कर्म बताये गये हैं–संचित, प्रारब्ध और क्रियमाण। मनुष्य ने जो कुछ कर्म किया है, उसे संचित कर्म कहते हैं। जिस पुराने कर्म के फल को वह भोग रहा है, उसे प्रारब्ध कर्म कहते हैं जो कुछ वह नये सिरे से करने जा रहा है, उसे क्रियमाण कर्म कहते हैं। ज्ञान होने पर संचित कर्म तो नष्ट हो जाते हैं, पर प्रारब्ध कर्म को भोगना ही पड़ता है। ज्ञान की अग्नि से संचित कर्म जलकर दग्धबीज की तरह निष्फल हो जाते हैं और ज्ञानी प्रारब्ध कर्मों के संस्कारवश उसी प्रकार शरीर धारण किये रहता है, जैसे कुम्हार का चलाया हुआ चक्र दण्ड उठा लेने पर भी वेगवश कुछ देर चलात रहता है। इन बातों में स्वर्ग और नरक के विचार भी सम्मिलित हैं। कर्मबन्ध के दार्शनिक रूप के साथ स्वर्ग-नरक के पौराणिक विचारों का सामंजस्य भी किया गया है। साधारणतः पुण्य कर्म के लिए आत्मा का कुछ दिन तक स्वर्ग में रहना और फिर पुण्य क्षीण होने पर मर्त्यलोक में आ जाना (गीता–9। 20-21) और इसी तरह पाप-भोग के लिए कुछ दिन नरक में जाना और भोग लेने के बाद फिर मर्त्यलोक में आ जाने की बात भी

कही गयी है। 'सांख्यकारिका' में बताया गया है (सां.का.–41) कि धर्म (पुण्य) के द्वारा ऊर्ध्वगमन, अधर्म (पाप) के द्वारा अधोगमन होता है। ज्ञान से मोक्ष और अज्ञान बन्धन होता है। 'महाभारत' में यह एक और विचित्र बात बताई गयी है (स्वर्गारोहण पर्व–3 14) कि जो आदमी अधिक पुण्यशाली होता है, वह पहले अपने स्वल्प पापों को भोगने के लिए नरक में जाता है और जो आदमी अधिक पापी होता है, वह उसी प्रकार अपने स्वल्प पुण्यों को भोगने के लिए पहले स्वर्ग में जाता है और फिर नरक में। कुछ विद्वानों का विचार है कि स्वर्ग-नरक-विचार और मोक्ष-विचार, दोनों दो जाति के भारतीय मनीषियों की चिन्ता के परिचायक हैं। पहले विचार वैदिक ऋषियों के हैं और दूसरे वेदवाह्य आर्येतर मुनियों के। उपनिषद् काल में ये दोनों विचार मिलने शुरू हुए थे और काव्य-काल में पूर्ण रूप से मिलकर एक जटिल परलोक-व्यवस्था में परिणत हो गये। जो हो, ऊपर की आलोचना का निष्कर्ष यह है कि–

1. आत्मा अविनश्वर है।
2. चरम ज्ञान प्राप्त किया जा सकता है।
3. ज्ञान प्राप्त किये बिना जीव का छुटकारा नहीं होता।
4. ज्ञान वही है, जो जीवात्मा को कर्मबन्ध से मुक्त कर सके।
5. ज्ञान प्राप्त किये बिना शरीर-त्याग करने पर जीवात्मा अपने साथ लिंग-शरीर और कर्मफलजन्य संस्कारों को ले जाता है।
6. जो करता है वही भोगता है।
7. ज्ञान-प्राप्ति के लिए 'बुद्धि का शोधन' आवश्यक है। शुभ बुद्धि से ही ज्ञान सम्भव है।

इस शास्त्रीय चर्चा को थोड़ा और भी आगे बढ़ाकर इसके प्रभावों की उत्थापना की जाये। हिन्दू विश्वास के अनुसार, मनुष्य पैदा होते ही तीन प्रकार के ऋणों को अपने साथ लेकर उत्पन्न होता है। (मनु–4। 257, विष्णु संहिता–37) ये तीन ऋण हैं–देव-ऋण; ऋषि-ऋण और पितृ-ऋण। पैदा होते ही मनुष्य को कुछ सुविधाएँ प्राप्त हो जाती हैं। वह अपने शरीर और इन्द्रियों को पाता है, जो उसके समस्त आनन्दोपभोग के लिए आवश्यक साधन हैं। यह अपने माता-पिता से पाता है। इस ऋण को वह और किसी भी तरह नहीं चुका सकता। केवल एक उपाय है और वह यह कि इस धारा को आगे बढ़ा दिया जाये। इसी तरह वह समूचे ज्ञान-विज्ञान को, जिसे प्रत्यक्ष और सुलभ करने के लिए अनेकानेक मनीषियों ने अपने जीवन दे दिये हैं, अनायास ही पा जाता है। इस बात के लिए वह अपने पूर्वतन आचार्यों का अवश्य ऋणी है। इस ऋण को भी वह चुका नहीं सकता।

चुकाने का एक उपाय यही है कि ज्ञान-विज्ञान की धारा को वह सुरक्षित रखे और यथासम्भव आगे बढ़ा जाये। अध्ययन-अध्यापन से ही यह कार्य हो सकता है। फिर एक तरह की सुविधा भी मनुष्य को जन्म के साथ ही मिल जाती है। समस्त जगत की प्राकृतिक शक्तियाँ, जिन्हें प्राचीन आर्य देवता कहते थे, न होतीं तो मनुष्य कुछ भी करने में असमर्थ था। प्राचीनों का विश्वास था कि यज्ञ के द्वारा इन शक्तियों को तृप्त किया जा सकता है। मनु ने इसीलिए कहा है कि गृहस्थ को तीन प्रकार के ऋणों से मुक्त होने के बाद ही मोक्ष में मनोनिवेश करना चाहिए। विधिवत् वेदों का अध्ययन करके, पुत्रों का उत्पादन करके और यथाशक्ति यज्ञों का यजन करके ही मोक्ष की चिन्ता में मनोनिवेश करना चाहिए। इन कार्यों के किये बिना ही मोक्ष की इच्छा रखने वाला द्विज अधःपतित होता है (मनु—6। 35-37)। 'महाभारत' में भी इन ऋणों की चर्चा है। इन्हें चुकाये बिना मनुष्य के समस्त कार्य अधूरे हैं। इस ऋण सम्बन्धी विश्वास का बहुत बड़ा प्रभाव समग्र भारतीय साहित्य पर पड़ा है। हिन्दू आदर्श के लिए पितृत्व या मातृत्व रूप का प्रश्न नहीं है, बल्कि आवश्यक कर्तव्य है। इसका पालन न करने से पाप होता है, परन्तु पालने करने से कोई पुण्य नहीं होता। हिन्दू शास्त्रों में पुरुष के लिए तो ब्रह्मचर्य का आदर्श स्वीकृत है और मनु कहते हैं कि विधवाएँ भी पुत्र उत्पन्न किये बिना ही सद्‌गति पा सकती हैं, उसी प्रकार जैसे ब्रह्मचारी लोग पाते हैं (मनु—5। 160)। परन्तु यह वचन ही इस बात का सबूत है कि पुत्रोत्पादन किये बिना सद्‌गति नहीं होती। जिनकी सद्‌गति ऐसी अवस्था में हो जाती है, वे अपवाद ही है। वस्तुतः हिन्दू विश्वास के अनुसार मातृत्व स्त्री-जीवन की चरम साधना नहीं हैं, यद्यपि आजकल के कुछ पण्डित हिन्दू विश्वासों की ऐसी ही व्याख्या करने लगे हैं। मातृत्व और पितृत्व भी चरम साधना का अधिकारी होने की आवश्यक शर्त है। चरम लक्ष्य मोक्ष-प्राप्ति है, या और भी सही अर्थों में आत्मज्ञान है। इसी प्रकार अब तक संसार के मनीषियों ने जो कुछ भी ज्ञान अर्जन किया है, उसका अध्ययन-अध्यापन उक्त बात का अधिकारी होने के लिए आवश्यक शर्त है। यही कारण है कि हिन्दुओं के निकट कोई भी ज्ञान उपेक्षणीय नहीं है।

इतिहास इस बात का साक्षी है कि हिन्दुओं ने अपने साहित्य में नाना जाति के ज्ञान-विज्ञान को इस अपनेपन के साथ ग्रहण किया है कि पण्डितों को यह निर्णय करने में प्रायः ही अड़चनों का सामना करना पड़ता है कि कौन-सा ज्ञान किस देश से ग्रहण किया गया है? बाहरी विद्वानों के ज्ञान को अपना बनाकर प्रकट करने की कला में कोई भी भारतीयों का मुकाबला नहीं कर सकता। सीरियनों की राशि-गणना, ग्रीकों का होरा-शास्त्र, अरबों का ताजक-शास्त्र, यषों

की कवि-प्रसिद्धियाँ, आर्येतर जातियों की आध्यात्मिक चिन्ताएँ और देव-कल्पनाएँ इस प्रकार आर्य मनीषियों की चिन्ता-राशि में मिल गयी हैं और ऐसी प्राण-शक्ति पाकर जीवन्त हो उठी हैं कि उनको अलग कर सकना आज साहस का कार्य हो गया है। बाहरी ज्ञान को हिन्दू आचार्यों ने इतने दर्द के साथ अपनाया है, ऐसा समादर दिया है, इतना मार्जित कर लिया है कि देखनेवालों को आश्चर्य होता है। इसी प्रकार देव-ऋण को चुकाने में भी हिन्दुओं ने कमाल किया है। उनके साहित्य में प्रकृति की प्रत्येक शक्ति इतनी जीवित और सम्पन्न रूप में चित्रित हुई है कि संस्कृत के किसी काव्य में से उसे अलग नहीं किया जा सकता। यह स्पष्ट ही है कि ऐसा करके हिन्दू कुछ धनात्मक कार्य नहीं करता, वह महज ऋणात्मक कर्तव्यों का पालन करता है, केवल ऋण चुकाता है।

ऊपर की बातों को संक्षेप में इस प्रकार रखा जा सकता है–

1. पुत्रोत्पादन आवश्यक कर्त्तव्य है। इसके बिना पुरुष या स्त्री–ब्रह्मचारी और विधवा के अपवादों को छोड़कर–आत्मज्ञान के अधिकारी नहीं हैं।

2. इसीलिए पुत्रोत्पादन अर्थात पितृत्व या मातृत्व की प्राप्ति केवल साधन है, साध्य नहीं।

3. ज्ञान–अर्थात् मोक्ष-प्राप्ति के लिए सहायक मानी जानेवाली विद्या–कहीं से भी ग्रहण करना, उसकी रक्षा करना और वृद्धि करना केवल उचित ही नहीं, आवश्यक कर्त्तव्य है। यह भी मोक्ष का साधन है।

4. देवताओं या प्राकृतिक शक्तियों को सम्पन्न बनाना आवश्यक कर्तव्य है।

यह कहना अनावश्यक जान पड़ता है कि न तो पूर्वार्जित कर्मों के भोग में मनुष्य स्वाधीन है और न ऋण चुकाने के ऊपर कहे हुए कर्तव्य-पालन में। एक को उसे भोगना ही पड़ेगा और दूसरे को उसे करना ही पड़ेगा। ऐसी अवस्था में यह सन्देह हो सकता है कि हिन्दू विश्वास मनुष्य को सम्पूर्ण निराशावादी और भाग्यवादी बना देता है। ऊपर से देखने पर यह बात गलत भी नहीं मालूम पड़ती और साहित्य में भी इन विश्वासों का सुदूर प्रसारी फल साफ प्रकट होता है। इसने कवियों और शास्त्राध्यापकों की मनोवृत्ति इस प्रकार मोड़ दी है, जिसकी तुलना सारे संसार में नहीं मिलती। हजारों वर्ष के भारतीय इतिहास में जो नीच समझी जाने वाली जातियों ने कभी उत्कट विद्रोह नहीं किया, वह इन्हीं विश्वासों को स्वीकार करने के कारण। प्रत्येक व्यक्ति जानता है कि उसके द्वारा सम्पादित किसी का कर्म-फल दूर नहीं हो सकता। चाण्डाल अपनी दुर्गति के लिए कर्मफल की दुहाई देता है और ब्राह्मण अपने उच्च पद के लिए भी कर्म की ही दुहाई देता है। जब प्रत्येक व्यक्ति अपने कर्मफल के लिए आप ही जिम्मेदार है, तो न

तो कोई उसे किसी दूसरे के बदले भोग सकता है और न उद्योग करके उसके संचित और प्रारब्ध कर्मों को बदल ही सकता है। इस सिद्धान्त ने कर्म के सामूहिक उद्योग के क्षेत्र में हिन्दुओं को बाधा पहुँचाई है और उनकी मनोवृत्ति को विच्छेदप्रवण बनाने में सहायता दी है। इतना ही नहीं, उन्हें जागतिक व्यवस्था के प्रति उदासीन भी बना दिया है। जब प्रत्येक कार्य का निश्चित और न्यायसंगत कारण है तो किसी अन्याय के विरुद्ध विद्रोह करने का सवाल ही नहीं उठता। और जब विद्रोह करने की भावना दब जाती है तो जाति स्थिर भाव से अधःपतन की ओर बढ़ती है। हिन्दू साहित्य और समाज का यह पहलू सचमुच ही बहुत शोचनीय है, परन्तु इसनके सिवा भी एक बात है, जो निश्चय ही महान् है। वह बात है—पुरुषार्थों की कल्पना।

हिन्दू शास्त्र मनुष्य के लिए केवल कर्मफल भोग और ऋण चुकाने की ही व्यवस्था नहीं करते, वे कुछ धनात्मक कार्य करने का भी विधान करते हैं। ये धनात्मक कार्य ही पुरुषार्थ हैं। पुरुषार्थ चार हैं—धर्म, अर्थ, काम और मोक्ष। इन्हीं पुरुषार्थों की प्राप्ति के उपाय बताने के लिए समूचा संस्कृत-साहित्य लिखा गया है। जो कुछ भी इस साहित्य में पुरुषार्थ की प्राप्ति के लिए लिखा गया है, वह दुनिया के साहित्य में बेजोड़ है। जो कुछ कर्मफल का और ऋणों के चुकाने का निर्देश देने के लिए लिखा गया है, वह केवल समाजशास्त्री के कुतूहल का विषय है। पुरुषार्थों में सबसे श्रेष्ठ पुरुषार्थ—परम पुरुषार्थ—मोक्ष है। मोक्ष के विधायक वेद, उपनिषद्, आरण्यक, दर्शनशास्त्र आदि विषय केवल भारतीय साहित्य की ही नहीं, संसार के साहित्य के गर्व और गौरव की वस्तु हैं। बहुत बाद में वैष्णव आचार्यों ने इन चारों के अतिरिक्त एक पाँचवें पुरुषार्थ की कल्पना की है। यह है—भक्ति या भगवद् विषयक प्रेम : 'प्रेमा पुमर्थो महान।' और निःसन्देह इस पुरुषार्थ की प्राप्ति के लिए जो कुछ लिखा गया है, वह अद्वितीय है।

हमारा आलोच्य विषय काव्य क्या है? क्या वह कर्मफल का निर्देशक है या ऋण चुकाने का व्यवस्थापक, या पुरुषार्थ-निर्देशक? मम्मट कहते हैं कि काव्य यश के लिए लिखे जाते हैं, व्यवहार-ज्ञान के लिए लिखे जाते हैं, अशुभ फल से निवृत्त होने के लिए लिखे जाते हैं, कांतासम्मित उपदेश के लिए लिखे जाते हैं और आसानी से मोक्ष प्राप्त करने के लिए लिखे जाते हैं। अर्थात काव्य सब पुरुषार्थों का दाता है। यदि व्यवहार-ज्ञान के प्रसंग में मम्मट ने मन-ही-मन काम नाम पुरुषार्थ को भी याद न कर लिया हो तो कहा जा सकता है कि एक यही पुरुषार्थ काव्य के उद्देश्य से छूट जाता है। काव्य के उद्देश्य से काम नामक पुरुषार्थ का छूटना कुछ आश्चर्यजनक जरूर है।

ऊपर की विवेचना से हम भारतीय साहित्य को अच्छी तरह समझ सकते हैं। भारतीय नाटकों में जो कहीं भी धर्मात्मा व्यक्ति पराजित नहीं होता, कभी भी सद्विचार से अनुप्राणित होकर कठिनाइयों से जूझता हुआ हार नहीं जाता, वह इसी कर्मफल की व्यवस्था को मानने से। भारतीय काव्य में जो कवि अपने मनोभावों को अभिव्यक्त करने की अपेक्षा दूसरे के मनोभावों को व्यक्त करने का प्रयत्न करता है, वह अपने आपकी आनन्दिनी वृत्ति को पहचानने के लिए। यहाँ कभी यूरोपियन नाटकों की भाँति पापात्मा अपनी कूटबुद्धि से धर्मात्मा को अन्त तक पछाड़ने में सफल नहीं होता। हिन्दू कवि का उद्देश्य रस को व्यक्त करना है, वक्तव्य को अभिव्यक्त करना नहीं। अत्यन्त आधुनिक दृष्टि से देखा जाये तो संस्कृत के सर्वश्रेष्ठ नाटककार कालिदास में कितने ऐसे गुण खोजकर नहीं निकाले जा सकते हैं, जिनके द्वारा नाटक की सफलता मानी जाती हैं श्री कीथ कहते हैं—

'मानव-जीवन के गम्भीरतर प्रश्नों के लिए कालिदास ने हमारे लिए कोई भी सन्देश नहीं दिया है। जहाँ तक हम देख सकते हैं, ऐसे गम्भीर प्रश्नों ने उनके भी मस्तिष्क में कोई सवाल पैदा नहीं किया। ऐसा जान पड़ता है कि गुप्त सम्राटों ने जिस ब्राह्मण धर्मानुमोदित व्यवस्था की महिमा की प्रतिष्ठा की थी, उससे कालिदास पूर्णतया सन्तुष्ट थे और विश्व की समस्याओं ने उन्हें उद्विग्न नहीं किया। 'शकुन्तला' नाटक यद्यपि मोहक और उत्कृष्ट है, तथापि यह एक ऐसी संकीर्ण दुनिया में चलता-फिरता है, जो वास्तविक जीवन की क्रूरताओं से बहुत दूर है। वह न तो जीवन की समस्याओं का उत्तर देने का ही प्रयत्न करता है और न उनका समाधान ही खोज निकालने का। यह सत्य है कि भवभूति ने दो कर्त्तव्यों के विरोध के अस्तित्व की जटिलता और कठिनता के भाव दिखाये हैं और उस विरोध से उत्पन्न दुःख को भी दिखाया है। पर उनके ग्रन्थों में भी इस नियम का ही प्राबल्य दिखायी देता है कि सब कुछ का अन्त सामंजस्य में ही होना चाहिए...ब्राह्मण धर्मानुमोदित जीवन सम्बन्धी सिद्धान्तों ने नाटकीय दृष्टिकोण में कितनी संकीर्णता ला दी है, इस बात को संस्कृत नाटकों का समूचा इतिहास प्रमाणित करता है। यही नहीं, ब्राह्मण धर्मानुमोदित परम्परा को स्वीकार करने के कारण ही 'चण्डकौशिक' जैसे नाटक लिखे जा सकते हैं, जहाँ एक अभागे राज की दानशीलता से उत्पन्न, ऋषि विश्वामित्र की विक्षिप्त जनोचित बदला लेने की भावना से तर्क और मनुष्यता के प्रति बेहद विद्रोहाचरण हुआ है।'

ऐसी बातें केवल एक पण्डित ने नहीं लिखी हैं। आये दिन यूरोपियन समालोक बहुत-सी ऊल-जलूल बातें कहते ही रहते हैं। ऊपर के उदाहरण के

लेखक भारतीय साहित्य के एक माने हुए पण्डित हैं और ऊल-जलूल टिप्पणी करनेवाले ईसाई लेखकों की बातों का अनेक बार सप्रमाण खण्डन भी कर चुके हैं। यह नहीं कहा जा सकता कि उन्होंने जान-बूझकर भारतीय साहित्य को छोटा करके दिखाने का प्रयास किया है और न हम यही कहना चाहते हैं कि उनकी बातों में सच्चाई नहीं है। सच्चाई भी अगर गलत ढंग से देखी जाती है तो अवहेलनीय लगने लगती है। हमने ऊपर जिन सिद्धान्तों को देखा है, उन्हें माननेवाला मनुष्य कभी भी 'जीवन के गम्भीरतर' प्रश्नों का उत्तर देने की जरूरत नहीं समझेगा, क्योंकि उसकी दृष्टि में 'जीवन के गम्भीरतर' प्रश्नों का समाधान हो चुका रहता है। बाकी प्रश्न केवल ऊपरी और भ्रमजन्य हैं। वस्तुतः ईमानदारी के होते हुए भी यूरोपियन पण्डित और उनके आधुनिक भारतीय शिष्य भारतीय साहित्य के प्रति न्याय नहीं कर पाते। क्योंकि, जैसा कि कलकत्ता हाईकोर्ट के भूतपूर्व जज प्रसिद्ध अंग्रेज साधक सर जॉन उडरफ ने कहा है—'साधारण यूरोपियन प्राच्य-विद्या-विशारद तथा वे लोग जो इस देश में (हिन्दुस्तान में) उँगुली पकड़कर चला करते हैं, कुछ ऐसे अवहेलनामूलक विश्वासों का पोषण करते हैं कि भारतीय विचार केवल 'ऐतिहासिक' कुतूहल के विषय हैं और इस प्रकार के विचार किसी बौद्धिक प्रदर्शनी के लिए ही स्वागत योग्य वस्तु है। इसके सिवा उनका और कोई मूल्य नहीं है, न कोई उनकी वास्तविक सत्ता ही है। यही कारण है कि प्राचीन पूर्वीय ज्ञान और आधुनिक आविष्कारों में जो आश्चर्यजनक साम्य है, इस तथ्य को वे स्वीकार नहीं कर सकते।'

केवल यही नहीं, यूरोपियन पण्डित यह अनुभव नहीं कर सकते कि भारतीय साहित्य एक जीवित जाति की साधना है। मनुष्य प्रायः अपने संस्कारों से ऊपर उठकर देखने में असमर्थ होता है। बर्ट्रेंड रसेल ने लिखा है कि आधुनिक यूरोपियन सभ्यता तीन उत्सों से आयी है—ग्रीक विचार, बाइबिल और आधुनिक विज्ञान। इन्हीं तीनों से आधुनिक यूरोपियन पण्डित की दृष्टि प्रभावित होती है। इन दोनों के घात-प्रतिघात से उसे मानस-पट पर एक विशेष प्रकार का जीवन सम्बन्धी सत्य अंकित होता है। उसी सत्य की माप से वह वस्तुओं को मापता है। जहाँ तक साहित्य का सम्बन्ध है, वह ग्रीक मनीषियों से प्रभावित होता है। उसकी एतद्विषयक चिन्ता पर बाइबिल का प्रभाव नहीं के बराबर है। और आधुनिक विज्ञान ने साहित्य के वाह्य रूप को ही अधिक प्रभावित किया है। यहाँ प्रश्न है कि ग्रीक विचार, बाइबिल और आधुनिक विज्ञान के मिश्रण से जो संस्कार बने हैं, वही क्या एकमात्र सत्य सिद्धान्त हैं? यदि वे सत्य हों तो आर्य-चिन्तन, द्रविड़ विश्वास और आधुनिक विज्ञान के मिश्रण से जो भारतीय संस्कार बना है

और बनने जा रहा है, वही क्यों नहीं सत्य होगा? इस दृष्टि से देखा जाये तो ग्रीस की बड़ी-से-बड़ी ट्रेजेडी के लेखक के बारे में श्री कीथ की ही शैली में कहा जा सकता है कि 'ग्रीक साहित्य के श्रेष्ठ नाटककार भी मायाजन्य भ्रममूलक बातों को ही जीवन के गम्भीरतर प्रश्न समझते रहे। इस परिवर्तनमान जगत् के भीतर एक शाश्वत् सत्ता है, एक चिन्मय पुरुष है, जो जड़ प्रकृति के कर्म-प्रवाह से एकदम निर्लिप्त है, यह सहज बात उनके मस्तिष्क में कभी आयी ही नहीं। ट्रैजोन की पौराणिक कल्पनाओं के आधार पर जो नाटक लिखे गये हैं। वे कभी जीवन के वास्तविक गाम्भीर्य तक पहुँचे ही नहीं वे एक उद्देश्यहीन मायाजाल में पड़े छटपटाते रहे, जहाँ पद-पद पर उन्हें परस्पर-विरोधी कर्त्तव्यों की उलझन सताती रही और अन्त तक वे किसी सामंजस्यमूलक व्यवस्था का पता न लगा सके। ग्रीक पौराणिक कल्पना ने नाटकीय दृष्टि को कितना विश्रृंखल बना दिया है, इस बात को ग्रीक नाटकों का समूचा इतिहास प्रमाणित करता है।' इत्यादि।

कहना व्यर्थ है कि इस प्रकार भारतीय संस्कारों से देखने पर हम ग्रीक साहित्य का अधिकांश सौन्दर्य खो देंगे और फिर भी अपने विश्वासों के प्रति ईमानदार बने रहेंगे। वस्तुतः यह उचित मार्ग नहीं है। ग्रीक संस्कारों के चश्मे से भारतीय संस्कारों को देखना उतना ही अनुचित है, जितना भारतीय संस्कारों के चश्मे से ग्रीक साहित्य को देखना। दुर्भाग्यवश भारतीय साहित्य को यूरोपियन पण्डितों ने ऐसे ही देखा है और आधुनिक शिक्षाप्राप्त भारतवासी भी वैसे ही देखने के अभ्यस्त हो गये हैं। आधुनिक भारतीय शिक्षा में भारतीय संस्कारों की अपेक्षा पश्चिमी संस्कार ही अधिक हैं। यह ध्यान में रखने की बात है कि ग्रीक काव्य और ट्रैजेडी पर उसी प्रकार ग्रीक पौराणिक कथाओं का प्रभाव है, जिस प्रकार भारतीय नाटकों और काव्यों पर भारतीय पुराणों का। ग्रीक पौराणिक कथाएँ 'ट्रैजेडी' जैसी चीज को जनम दे सकती हैं, जहाँ किसी मर्त्यलोकवासी की सुन्दरता, कर्त्तव्यपरायणता या कोई और सद्गुण अकारण ही स्वर्ग के देवता के कोप का कारण हो जाता है। भारतीय पुराणों में एक भी ऐसी कहानी नहीं मिलेगी। यहाँ प्रत्येक सुख-दुःख का कारण अपना ही कर्म है। इस विश्वास को जो लोग संकीर्णता कहते हैं, वे उस विश्वास को मात्स्य न्याय कहना भूल जाते हैं।

वस्तुतः काव्य जैसी सुकुमार वस्तु की आलोचना के लिए अपने संस्कारों से बहुत ऊपर उठने की जरूरत है, फिर वे संस्कार चाहे देशगत हों या कालगत। भारतीय साहित्यिक समाज-व्यवस्था में कोई असामंजस्य नहीं देख सकता था और न ऐसी बातों का उसके निकट कोई मूल्य ही था, जिन्हें हम जीवन के गम्भीरतर प्रश्न कहा करते हैं। वह गलती पर हो सकता है, नहीं भी हो सकता है—प्रधान

प्रश्न उसके सिद्धान्तों की सच्चाई जाँच करने का नहीं है (क्योंकि वह अन्य क्षेत्र का प्रश्न है)। प्रधान प्रश्न यह है कि अपने विश्वासों से आबद्ध रहकर उसने जो सृष्टि की है, उसका सौन्दर्य कहाँ है? उसके सौन्दर्य का आदर्श क्या है? और वह उसकी सृष्टि करने में कहाँ तक समर्थ हुआ है?

शब्दार्थ

लोकविश्रुत = जनता ने सुना हो; वाग्युद्ध = बहस; **प्राच्य-विद्या-विशारद** = प्राचीन विद्वान; **मनीषी** = ज्ञानी; **चित्तस्वरूप** = चित्त का स्वरूप; **प्रारब्ध** = भाग्य; **संचित** = जमा, इकट्ठा; **क्षीण** = कमजोर; **नाना जाति** = विभिन्न जाति; **सुदूर** = बहुत दूर; **प्रसारी** = फैली।

नन्ददुलारे वाजपेयी

नन्ददुलारे वाजपेयी का जन्म उन्नाव जिले के मगरायल नामक ग्राम में सन् 1906 ई. में हुआ था। उनके पिता का नाम गोवर्धन लाल वाजपेयी तथा माता का नाम जनकदुलारी था। उनकी प्रारम्भिक शिक्षा हजारीबाग में सम्पन्न हुई। उन्होंने विश्वविद्यालय परीक्षा काशी हिन्दू विश्वविद्यालय से उत्तीर्ण की।

वे कुछ समय तक 'भारत' के सम्पादक रहे। उन्होंने काशी नागरी प्रचारिणी सभा में 'सूरसागर' का तथा बाद में गीता प्रेस, गोरखपुर में 'रामचरितमानस' का सम्पादन किया। वाजपेयी जी कुछ समय तक काशी हिन्दू विश्वविद्यालय के हिन्दी विभाग में अध्यापक तथा कई वर्षों तक सागर विश्वविद्यालय के हिन्दी विभाग के अध्यक्ष रहे। मृत्यु के समय वे विक्रम विश्वविद्यालय, उज्जैन के उपकुलपति थे। 21 अगस्त 1967 को उज्जैन में हिन्दी के वरिष्ठ आलोचक आचार्य वाजपेयी जी का अचानक निधन हो गया जिससे हिन्दी संसार की दुर्भाग्यपूर्ण क्षति हुई।

शुक्लोत्तर समीक्षा को नया संबल देनेवाले स्वच्छन्दतावादी समीक्षक आचार्य वाजपेयी का आगमन छायावाद के उन्नायक के रूप में हुआ था। उन्होंने छायावाद द्वारा हिन्दी काव्य में आये नवोन्मेष का, नवीन सौन्दर्य का स्वागत एवं सहृदय मूल्यांकन किया। अपने गुरु आचार्य शुक्ल से बहुत दूर तक प्रभावित होते हुए भी उन्होंने भारतीय काव्यशास्त्र की आधारभूत मान्यताओं के माध्यम से युग की संवेदनाओं को ग्रहण करते हुए, कवियों, लेखकों या कृतियों की वस्तुपरक आलोचनाएँ प्रस्तुत कीं। वे भाषा को साध्य न मानकर साधन मानते थे।

वाजपेयी जी ने अनेक आलोचनात्मक ग्रन्थों की रचना की है जिनमें प्रमुख हैं—

हिन्दी साहित्य बीसवीं शताब्दी; जयशंकर प्रसाद; प्रेमचन्द : एक साहित्यिक विवेचन; आधुनिक साहित्य; नया साहित्य : नये प्रश्न; महाकवि सूरदास; कवि निराला; नयी कविता; कवि सुमित्रानन्दन पन्त; रस सिद्धान्त नये सन्दर्भ; साहित्य का आधुनिक युग; आधुनिक साहित्य सृजन और समीक्षा; रीति और शैली; रचनावली (8 खण्डों में); भुलक्कड़ों का देश (व्यंग्य लेख); हिन्दी साहित्य का

संक्षिप्त इतिहास; राष्ट्रीय साहित्य; पाश्चात्य सौन्दर्यशास्त्र का इतिहास; यादें बोत उठीं (संस्मरण); प्रकीर्णिका; राष्ट्रभाषा की कुछ समस्याएँ।

इसके अतिरिक्त उन्होंने अनेक ग्रन्थों का सम्पादन भी किया। इन सम्पादित ग्रन्थों की भूमिका मात्र से उनकी सूक्ष्म एवं तार्किक दृष्टि का सहज ही ज्ञान प्राप्त हो जाता है। समग्रतः छायावाद युग आचार्य वाजपेयी के समग्र व्यक्तित्व की संश्लिष्टि है, उसमें उनकी क्रान्तदर्शी प्रज्ञा तथा अतलभेदिनी अन्तर्दृष्टि विद्यमान है।

निबन्ध सार : छायावाद

आचार्य नन्ददुलारे वाजपेयी छायावाद के सन्दर्भ में अपनी मान्यता देते हुए छायावाद को अपनी सुनिश्चित धारा का निर्माता मानते हैं। वे इसे आध्यात्मिक मानने से इंकार करते हैं कि जिस प्रकार भक्तिकाल की आध्यात्मिकता लोकोमुख थो वैसे ही छायावाद भी यथार्थपरक **है**। तमाम मध्यकालीन कवियों तथा उनकी कविता की परीक्षा सामाजिक रचना के निरूपण में की जाय। नयी छायावादी काव्यधारा में जो आध्यात्मिक पक्ष है उसकी मुख्य प्रेरणा भारतीय समाज और उसकी समस्याएँ व अन्तर्विरोध हैं। अपने आप में यह आधुनिक जीवन की आकांक्षा, स्वप्न तथा संघर्षों की अभिव्यक्ति है। यह भक्तिकाल की तरह जगत मिथ्या का विरोध भी करता है। मध्यकालीन काव्य में जहाँ मानव चरित्र व दृश्य-जगत उपेक्षित रहे वहीं यह (छायावाद) मानवीय अनुभूतियों को विस्तार देता है। मध्यकालीन काव्य को धार्मिक आधार पर रचने के कारण साम्प्रदायिक भी कहा जा सकता है किन्तु छायावाद विशुद्ध रूप से राष्ट्र तथा राष्ट्रवासियों के आदर्शों का काव्य है। छायावाद की काव्य-सरणी अध्यात्मवादी सीमा-निर्देशों से नहीं बँधी है वह नवीन जीवन प्रगति में आत्म-सौन्दर्य की प्रतिष्ठा करती है। प्रसाद का काव्य मनुष्य के साथ राष्ट्र की भावना को भी स्थान देता है। निराला शक्ति का सन्धान राष्ट्रहित में करते हैं। पन्त मानवीय तथा प्राकृतिक सौन्दर्य की रचना करते हैं। महादेवी त्याग व आत्म-संघष की स्थापना करती हैं जो तत्कालीन समाज में आवश्यक था। इन अर्थों में छायावाद उस नवीनता की ओर चलता है जो राष्ट्र, समाज तथा साहित्य को भी अभीष्ट है। इसकी चिन्तन-पद्धति तथा जीवन-दृष्टि नयी तथा प्रासंगिक है। इसकी शैली यथार्थपरक है। यह एक नवीन सांस्कृतिक विकास को दिखाता है। यह भविष्य की ओर आशावादी तथा सामाजिक प्रगति पर निर्भर है।

छायावाद

•

नन्ददुलारे वाजपेयी

छायावाद काव्य-प्रवाह हिन्दी में अब अपनी सुनिश्चित धारा बना चुका है। अब वह केवल विरोध की वस्तु नहीं है और न केवल वाचिक अभ्यर्थना का विषय रह गया है। अब तो उसकी सम्यक् समीक्षा और परीक्षा भी की जा सकती है। आरम्भ से ही अपनी छायात्मक निगूढ़ अभिव्यक्तियों के कारण छायावाद आध्यामिक काव्य कहा जा रहा था। पूर्ववर्ती भक्ति-काव्य की साकार वर्णनाओं के विपरीत इसकी निराकार पद्धति थी, किन्तु इसका यथार्थ स्वरूप अब तक स्पष्ट नहीं किया गया। छायावाद की पद्धति कबीर आदि की निर्गुण निराकार व्यंजनाओं से भिन्न तो है ही, सूफियों की पद्धति से भी पृथक् है। उक्त दोनों परम्पराएँ प्रमुखतः आध्यात्मिक कही जा सकती है, यद्यपि सूफी कवियों ने लौकिक संस्कृति के निर्माण में भी कम सहायता नहीं दी। आधिभौतिक पक्ष में देखा जाये तो एक ओर उमर खैयाम और दूसरी ओर शेखसादी तथा भारत के जायसी आदि कवियों में बहुत बड़ा दृष्टिभेद है। इन सभी कवियों ने सामयिक संस्कृति और देशकाल की विचारधाराओं को भिन्न-भिन्न स्वरूपों में व्यक्त किया है। उदाहरण के लिए उमर खैयाम की काव्यधारा अदृष्ट, भाग्य या नियति के कठोर चक्र से भयभीत होकर उससे तटस्थ हो जाने का मानो आमन्त्रण करती है। उनका काव्य ईरान और फारस की एकान्त वाटिकाओं और उपवनों में दो प्राणियों की प्रेम-परिचर्या का ही सरल आदर्श लेकर उपस्थित हुआ। सादी आदि की रचनाएँ उनसे भिन्न वातावरण और विचार-क्रम का द्योतन करती हैं। जायसी आदि भारतीय सूफियों की कविता न तो उमर खैयाम का-सा भाग्यवाद प्रवर्तित करती है और न दो प्राणियों के एकान्त जीवन और औपनिवेशिक परिस्थितियों का प्रदर्शन करती है, न वह अरबी सूफियों की तरह इस्लाम की छत्रछाया में ही

विकसित हुई है। व्यापक भारतीय जीवन और सौन्दर्य के अनेकानेक दृश्यों के बीच से होकर यह काव्य-धारा प्रवाहित हुई है। इस प्रकार देश, काल और विचार-क्रम में भेद होते हुए भी सूफी काव्य मुख्यतः आध्यात्मिक कहा जाता है, क्योंकि उसका लक्ष्य, निराकार प्रेम की अनुभूति, सब में समान रूप से पाया जाता है। उसके लौकिक, देशकाल-सापेक्ष और सांस्कृतिक पहलू प्रधान स्थान नहीं पा सके हैं, काव्य के प्राण प्रेम–अलौकिक प्रेम–में ही अटके हैं।

कबीर आदि ज्ञानमार्गियों की आध्यात्मिकता तो एकदम स्पष्ट है। रहस्यमय सत्ता की अभिव्यक्ति और मिथ्या संसार की सुदृढ़ धारणा उनके अध्यात्म के अविचल स्तम्भ हैं। आध्यात्मिक काव्य के लिए एक अखण्ड सत्ता का स्वीकार–वह प्रेममय हो, ज्ञानमय या आनन्दमय–जितना आवश्यक था, सांसारिक सत्ता या व्यावहारिक जीवन का अस्वीकार भी उतना ही अनिवार्य हो गया था। आध्यात्मिक या अध्यात्मवादी काव्य की यही विशेषता थी साकारोपासक भक्तों ने भी राम-कृष्ण आदि के चरित्रों को अखण्ड अव्यय लीला, दिव्य और अलौकिक कहकर उसी कसौटी को स्वीकार किया है। संसार की प्राकृतिक किसी सत्ता की आत्यन्तिक स्वीकृति सिद्धान्ततः वे भी नहीं करते। यह अवश्य मानना होगा कि साकारोपासक कवियों ने सांस्कृतिक, नैतिक और जीवन के व्यावहारिक पक्षों का विस्तृत दिग्दर्शन कराया है, किन्तु उनकी दृष्टि अलौकिक 'आदर्श' पर ही रही है। संसार की दृश्यमान् वास्तविकता और तज्जन्य प्रगतियों से वे प्रायः दूर ही रहे हैं। तथापि इन कवियों ने जीवन के बहुविध पक्षों का सौन्दर्य दिखाया और तत्कालीन संस्कृति के निर्माण में योग दिया। आदर्श और अलौकिक की भूमि पर वे व्यवहार और प्रत्यक्ष की इतनी चर्चा भी कर गये, यह कम नहीं। कबीर आदि निर्गुणियों ने भी आत्मा की व्यापक सत्ता घट घट में दिखाई और उसे पहचानने का आग्रह किया। साधन-रूप में उन्होंने सरल और त्यागमय जीवन की शिक्षा दी तथा जाति-पाँति के भेदों का निषेध किया; किन्तु उनका लौकिक क्षेत्र साकारोपासकों की अपेक्षा भी सीमित था, क्योंकि उनका अध्यात्म लोक से परे की वस्तु थी, जिसकी साधना तटस्थ और ऐकांतिक ही हो सकती थी।

इस प्रकार हम देखते हैं कि मध्यकालीन अधिकांश काव्य, वह किसी वाद या सम्प्रदाय से सम्बद्ध क्यों न हो, अलौकिक वातावरण और आध्यात्मिकता का ही दावा करता रहा। सिद्धान्ततः सूर, तुलसी और मीरा तथा कबीर, दादू आदि सगुण और निर्गुण उपासना के कवि एक-सी ही आध्यात्मिक भूमिका का आग्रह करते है। सूर के काव्य में कृष्ण-गोपियों की शृंगारिक

लीला, तुलसी के काव्य में राम और सीता का मर्यादावादी चरित्र, कबीर की तत्वनिरूपक साखियाँ और अन्योक्तियाँ—विषय भाव-व्यंजना, काव्य-शैली तथा साहित्यिक विशेषताओं में एक-दूसरे से दूर दीख पड़ती हैं, परन्तु तत्त्वत; वे सभी अध्यात्मवादी काव्य की शाखा-प्रशाखाएँ कही जा सकती हैं।

यहाँ प्रसंगवश हमें यह भी समझ लेना चाहिए कि इस सम्पूर्ण अध्यात्मवादी काव्य की, जो अनेक शताब्दियों तक प्रस्तुत किया जाता रहा, एक-सी प्रेरणा-भूमि नहीं है। भिन्न-भिन्न कवियों ने अपने-अपने मानसिक धरातल से जो काव्य-सृष्टि की है, उसे एक ही 'अध्यात्मवादी' तुला पर तौलना ठीक न होगा। ऐसा करने पर रचनाकारों की वास्तविक जीवन दृष्टि, उनकी मनःस्थिति तथा काव्यात्मक क्षमता का आकलन न हो सकेगा। अतएव इन मध्यकालीन कवियों का वास्तविक साहित्यिक मूल्य आँकने के लिए आवश्यक है कि इनमें प्रत्येक के 'अध्यात्मवाद' की उनके दार्शनिक और सामाजिक निरूपणों के प्रकाश में परीक्षा की जाये, उनके द्वारा चित्रित चरित्रों और व्यंजित भावनाओं की मनोवैज्ञानिक पद्धति पर आलोचना की जाये और उनकी काव्य-शैली तथा साहित्यिक निर्माण की विशेषताओं को स्वस्तन्त्र भूमि पर रखकर देखा जाये। 'अध्यात्मवादी' होने के कारण ही किसी कवि को काव्य-गौरव नहीं प्राप्त हो जाता, न केवल साम्प्रदायिक या साधनाविषयक शब्दावली का प्रचुर प्रयोग हो उसे साहित्यिक उत्कर्ष दे सकता है। आवश्यकता यह समझने की है कि कवि की काव्यानुभूति और उसकी रचना साहित्यिक समीक्षा में स्वतन्त्र सत्ता रखती है, किसी बाद के घेरे में वह घेरी नहीं जा सकती।

अस्तु, यह एक प्रासंगिक बात हुई। नयी छायावादी काव्यधारा का भी एक आध्यात्मिक पक्ष है, परन्तु उसकी मुख्य प्रेरणा धार्मिक न होकर मानवीय और सांस्कृतिक है। उसे हम बीसवीं शताब्दी की वैज्ञानिक और भौतिक प्रगति की प्रतिक्रिया भी कह सकते हैं। भारतीय परम्परागत आध्यात्मिक दर्शन की नवप्रतिष्ठा का वर्तमान अनिश्चित परिस्थितियों में यह एक सक्रिय प्रयत्न है। इसकी एक नवीन और स्वतन्त्र काव्य-शैली बन चुकी है। आधुनिक परिवर्तनशील समाज-व्यवस्था और विचार जगत् में छायावाद भारतीय आध्यात्मिकता की, नवीन परिस्थिति के अनुरूप, स्थापना करता है। जिस प्रकार मध्ययुग का जीवन भी भक्ति-काव्य में व्यक्त हुआ, उसी प्रकार आधुनिक जीवन की अभिव्यक्ति इस काव्य में हो रही है। अन्तर है तो इतना ही कि जहाँ पूर्ववर्ती भक्तिकाव्य में जीवन के लौकिक और व्यावहारिक पहलुओं को गौण स्थान देकर उनकी उपेक्षा की गयी थी, वहाँ छायावादी काव्य प्राकृतिक सौन्दर्य और सामयिक

जीवन परिस्थितियों से ही मुख्यतः अनुप्राणित है। इस दृष्टि से वह पूर्ववर्ती भक्ति-काव्य की प्रकृति-निरपेक्षता और संसार-मिथ्या की सैद्धान्तिक प्रक्रियाओं का विरोधी भी है। छायावाद मानव जीवन-सौन्दर्य और प्रकृति को आत्मा का अभिन्न स्वरूप मानता है, उसे अव्यय की वेदी पर बलिदान नहीं कर देता। इससे यह स्पष्ट हो जाता है कि मध्यकालीन काव्य की सीमा में मानव-चरित्र और दृश्य जगत, अपने प्रकृत रूप में उपेक्षित ही रहे, जबकि नवीन काव्य में समस्त मानव-अनुभूतियों की व्यापकता पूरा स्थान पा सकी। अध्यात्मकवाद की भूमि पर प्रतिष्ठित होते हुए भी मध्यकालीन भक्ति-काव्य और आधुनिक छायावादी काव्य में कितना बड़ा दृष्टिभेद है, यह अनुमान किया जा सकता है। इस दृष्टिभेद के कारण दोनों युगों की काव्य-सृष्टियों में जो महत्त्वपूर्ण अन्तर आ गया है, वह साहित्य के विद्यार्थी के अनुशीलन की वस्तु है।

मध्यकालीन अधिकांश काव्य जो किसी धार्मिक या साधनात्मक प्रणाली के अन्तर्गत रचा गया, एक विशेष अर्थ में साम्प्रदायिक काव्य कहा जा सकता है। तुलसी की 'विनय-पत्रिका', सूरदास के विनय के पद, कबीर की साखियाँ, मीरा के भाव-गीत वास्तव में किसी सगुण या निर्गुण उपास्य के प्रति किये गये आत्मनिवेदन, स्तुतियाँ या ऋचाएँ हैं। राम और सीता सम्बन्धी चरित्र-काव्य में अथवा राधा-कृष्ण की प्रेम लीलाओं में स्थिति कुछ भिन्न अवश्य है, क्योंकि वहाँ काव्य अपनी प्रकृत भाव भूमि पर है और मनोवेगों का निरूपण नैसर्गिक पद्धति पर किया गया है। फिर भी यह नहीं कहा जा सकता कि वे प्रसंग सर्वथा स्वाधीन है और इनका काव्य-सौन्दर्य चरित्र-काव्य या प्रगति की सामान्य भूमि पर रखकर परखा जा सकता है। समस्या यह हो जाती है कि भक्ति, उपासना या रहस्य-साधना के साम्प्रदायिक आग्रह प्रमुख बन बैठते हैं; और काव्य-भावना की वास्तविक परख नहीं हो पाती। आवश्यकता इस बात की है कि काव्येतर समस्त तत्त्व, वाद और साधना-क्रम स्वतन्त्र अध्ययन के विषय अवश्य रहे, परन्तु काव्य-विवेचन के अवसर पर उन सबका पर्यवसान रचयिता की मनःस्थिति और जीवनदृष्टि तभा भाव की भाव-पीठिका के अन्तर्गत हो जाना चाहिए। ऐसा न होने पर काव्य का वास्तविक आकलन अधूरा ही रह जायेगा।

दूसरे शब्दों में हमारा निवेदन यह है कि मध्यकालीन काव्य की समस्त साम्प्रदायिक और साधनात्मक प्रेरणाओं को नवीन मनोवैज्ञानिक और साहित्यिक प्रतिमानों में परिणत करना होगा। ऐसा करने पर ही उक्त काव्य की वास्तविक सीमा-सीमाएँ निर्धारित हो सकेंगी। नवीन मनोविज्ञान की सहायता से यह

कार्य अधिक सुगमतापूर्वक हो सकेगा, क्योंकि साम्प्रदायिक साधना-सरणियों का काव्य के अन्तर्गत प्रयोग करने में कवियों की व्यक्तिगत मानसिक स्थिति का आवश्यक और महत्त्वपूर्ण हाथ मानना हो पड़ेगा। 'सूर के श्याम' और 'मीरा के प्रभु', 'विद्यापति की राधा' और 'सूर की राधा' चरित के रूप में तो भिन्न हैं ही, उनके निर्माण की मानसिक प्रेरणा भी एक नहीं है। इसी प्रकार कबीर की रहस्य-भावना उसी मानसिक स्तर पर नहीं है जिस पर दूसरे निर्गुणियों की है। अतएव इस साहित्यिक निर्माण का कवियों की मानसिक स्थिति से सम्बन्ध स्थापित करना आवश्यक है।

इतना होने पर ही कवियों के काव्य की उपयुक्त भूमिका का निर्माण हो सकेगा और उस भूमिका पर रखकर उनका काव्य-सौष्ठव परखा जा सकेगा। वर्तमान स्थिति में यह कार्य प्रायः भ्रामक पद्धति पर किया जाता है। पाठकों के धार्मिक विश्वासों का अनुचित उपयोग कर कुछ समीक्षक कृष्ण-काव्य को अब भी कला और भाव-सीमक्षा का वास्तविक विषय नहीं बनने देते और उनकी अनेकविध साम्प्रायिक व्याख्याएँ करते रहते हैं। कुछ समीक्षक रहस्यवाद की काव्यभूमि को ही स्वीकार नहीं करते, और कुछ इसके विपरीत, रहस्य काव्य के दार्शनिक विवेचन में ही सारा पाण्डित्य खर्च कर देते हैं। ये सभी समीक्षा प्रकार साहित्यिक आकलन की दृष्टि से एकांगी और अधूरे हैं और साहित्यिक या कलात्मक विवेचन में बाधा उपस्थित करते हैं।

जब तक इस नयी पद्धति पर काव्य-विवचेन की प्रतिष्ठा नहीं होती तब तक मध्यकालीन काव्य का कलात्मक और सांस्कृतिक स्थान निर्धारित करना सम्भव नहीं होगा। साथ ही मध्ययुग की सामाजिक परिस्थिति में उक्त काव्य की कितनी और किस प्रकार पैठ हुई तथा उससे सामाजिक कला-अभिरुचि किस सीमा तक जाग्रत हुई, और सांस्कारिकता कहाँ तक बढ़ी और विकसित हुई, इन प्रासंगिक प्रश्नों को भी इतिहास के आलोक में हल करना होगा। सारांश यह कि इतिहास और सामाजिक विकास की पृष्ठभूमि पर उन कवियों की साम्प्रदायिक साधना-विधियों और दार्शनिक निरूपणों का उनकी जीवनी और मानसिक गतिविधि से सम्बन्ध स्थापित करते हुए काव्य की नवीन व्याख्या करनी होगी। और इस प्रकार उन मध्यकालीन कवियों की काव्य पीठिका का निर्माण करना होगा। इस पीठिका पर रखकर ही हम उनकी रचनाओं की साहित्यिक विशेषताओं को आँक सकेंगे। तभी हमारा साहित्यिक इतिहास वास्तविक साहित्यिक भूमि पर स्थापित होगा और हम भिन्न-भिन्न साहित्यिक निर्माणों का यथार्थ स्वरूप समझ सकेंगे।

छायावाद काव्य मध्ययुग की काव्य-धारा से प्रमुखतः इस अर्थ में भिन्न है कि वह किसी क्रमागत साम्प्रदायिकता या साधना-परिपाटी का अनुगमन नहीं करता। अध्यात्मवादी काव्य का अधिष्ठान देशकालातीत परम पवित्र सत्ता हुआ करती है। व्ययशील सांसारिक आदर्शों और स्थितियों आदि से उसका मुख्य सम्बन्ध नहीं होता। वह विकास, जो समय का आश्रित है; वह विज्ञान, जो व्यक्त द्रव्य तथा उसकी परिणतियों पर अधिष्ठित है, मध्यकालीन आध्यात्मिक काव्य के विषय नहीं हैं। प्रत्यक्ष वस्तु का मानव-जीवन के सुख-दुख, विकास-ह्रास आदि की अवस्थाओं से जो सम्बन्ध है, वह काव्य उसकी उपेक्षा कर गया है, किन्तु आधुनिक छायावादी काव्य उसकी उपेक्षा नहीं करता। अध्यात्मवादी परम्परा दृश्यमात्र को विनाशी कहकर चुप हो रहती है, अथवा उसे व्यावहारिक बताकर मुँह मोड़ लेती है। छायावादी काव्य में यह परम्परा स्वीकृत नहीं है। दैन्य से पीड़ित और प्रताड़ित तथा भोगैश्वर्य से प्रसक्त और परिवेष्टित व्यक्ति, समुदाय, देश, राष्ट्र या सृष्टि-चक्र के विभेदों में अध्यात्मवादी नहीं हो सका। समय और समाज को आन्दोलित करने वाली शक्तियों का आकलन उसमें कम ही है। वह तो उस शाश्वत् सत्ता से ही सर्वथा सम्पृक्त है जिसमें परिवर्तन का नाम नहीं। उस सत्ता का स्वरूप सगुण है या निर्गुण, विश्वमय है या विश्वातीत, ये प्रश्न ही उस अध्यात्म में आते हैं। छायावाद की काव्य-सरणी इन अध्यात्मवादी सीमा-निर्देशों से आबद्ध नहीं है, वह भावना के क्षेत्र में किसी प्रकार का प्रतिबन्ध स्वीकार नहीं करती।

आधुनिक छायावादी काव्य किसी क्रमागत अध्यात्म-पद्धति को लेकर नहीं चलता। नवीन जीवन-प्रगति में ही उसने आत्म-सौन्दर्य की झलक देखी है। परम्परित अध्यात्म प्रायः पुरुष से प्रकृति की ओर प्रवर्तित होता है—एक चेतन केन्द्र से नाना चेतना-केन्द्रों की सृष्टि करता है; किन्तु छायावादी काव्य प्रकृति की चेतनसत्ता से अनुप्राणित होकर पुरुष या आत्मा के अधिष्ठान में परिणत होता है। उसकी गति प्रकृति से पुरुष की ओर—दृश्य से भाव की ओर—होती है। और इस दार्शनिक अनुभूति के अनुरूप काव्य-वस्तु का चयन करने में छायावादी कवियों ने प्रकृति के अपार क्षेत्र से यथेच्छ सामग्री ग्रहण की है।

प्रसाद जी, जो छायावाद काव्य-प्रवर्तक माने जाते हैं, अपनी आरम्भिक रचनाओं में प्रकृति की रमणीयता से आकृष्ट होकर उसके सौन्दर्य-प्रभावों को व्यक्त करते हैं। उनका आरम्भिक काव्य प्राकृतिक और मानवीय सौन्दर्य की भूमि पर अधिष्ठित है। इस व्यक्त सौन्दर्यवस्तु का प्रभाव कवि के काव्य में एक हलकी रहस्य-भावना की सृष्टि करता है : 'झरना' और 'आँसू' में यह

सौन्दर्य-सत्ता क्रमशः विकसित होकर कवि की भावना में और भी गहराई लाती है और कवि प्रेम-तत्व के निरूपण में संलग्न दिखाई देता है। 'लहर' के गीतों में मानव-जीवन के विविध पहलुओं के साथ जीवन-तत्व के समन्वय का प्रयत्न है। 'कामायनी' काव्य में जीवन की अनुभूतियाँ अपनी व्यापकता में प्रदर्शित हैं और उन सबका समाहार कवि के जीवन-दर्शन, आनन्दवाद, में किया गया है। प्रसाद जी के काव्य के अभिनव भाव-विस्तार को देखते हुए मध्ययुग का धार्मिक और साम्प्रदायिक अध्यात्म-काव्य बहुत-कुछ सीमित और परतन्त्र प्रतीत होता है।

केवल एक प्रासंगिक उदाहरण लेकर देखना ही हमारे लिए पर्याप्त होगा। सूरदास का राधा-कृष्ण सम्बन्धी शृंगारिक काव्य अपनी स्वाभाविक भाव-भूमि पर भी अत्यधिक विशद और आकर्षक है। वृन्दावन के प्राकृतिक सौन्दर्य के बीच गोपियों के प्रेम का विकास एक आध्यात्मिक समारोह ही कहा जा सकता है। परन्तु एक सीमा तक यह सुन्दर पद्धति देखने को मिलती है। आगे चलकर गोपियों की मानलीला और कृष्ण द्वारा मान-मोचन के प्रयत्नों का जो दिग्दर्शन कराया गया है, वह अपनी प्रकृति भूमि पर वैसा भावनामय नहीं हो पाया। प्रत्येक गोपी के घर बारी-बारी से जाकर उसकी अभिलाषा-पूर्ति का प्रयत्न, जैसा वह सूरदास के काव्य में चित्रित है, आध्यात्मिक रूढ़ि के अनुकूल भले ही हो, काव्य की उदात्त भाव-व्यंजना में सहायक नहीं है। सम्भव है तत्कालीन काव्य-पद्धति में वैसे चित्रण अपवाद न माने जाते हों, पर आज वे चित्रण—संभोग शृंगार के वे दृश्य—सुरुचिपूर्ण नहीं कहे जा सकते। फिर भी मध्यकालीन धार्मिक काव्य की परिधि में उनका निर्माण हुआ है और बहुत-से भक्त उन्हें गाकर आज भी अलौकिक आनन्द उपलब्ध करते हैं। उनका यह आनन्द उक्त प्रसंग की रहस्यवादी धारणा के कारण है, या उन दृश्यों के यथातथ्य चित्रण में ही उनकी भावना रमती है—यह तो वे ही बता सकते हैं। यहाँ हमें केवल इतना ही कहना है कि नवीन छायावादी काव्य-शैली में ऐसे चित्रणों के लिए, चाहे वे किसी वाद के अन्तर्गत हों, स्थान नहीं है।

सारांश यह कि हमारा नया काव्य अपनी स्वतन्त्र दार्शनिकता के साथ ही अपनी भाव-भूमि और अनुभूति-क्षेत्र में भी पूर्ववर्ती काव्य से पृथक् सत्ता रखता है, जिसका यथार्थ परिचय हमें साहित्यिक विवेचन की उस स्वतन्त्र परिपाटी का अभ्यास करने पर ही प्राप्त हो सकता है, जिसका संकेत ऊपर किया गया है। साहित्य-शैलियों का स्वतन्त्र ओर कलात्मक अनुशीलन आज की साहित्य-मीमांसा के लिए आवश्यक है। आज छायावादी काव्य-शैली को स्थानान्तरित करती हुई

नयी शैलियाँ भी हिन्दी के क्षेत्र में अवतरित हो रही हैं। नये वादों का आगमन हो रहा है, नयी भाषा-शैली प्रतिष्ठित हो चली है। इस समस्त परिवर्तन का साहित्यिक आकलन अपेक्षित है।

छायावाद की साहित्य-शैली में एक नयी दिशा का आभास महादेवी जी के काव्य-क्षेत्र में प्रवेश करने पर प्राप्त हुआ। उनका काव्य पूर्णतः रहस्योन्मुखी और ऐकान्तिक है। छायावाद की सामान्य काव्य-शैली से उनकी पृथकता स्वीकार करनी होगी। इसके पश्चात् बच्चन जी का नया काव्य-वाद हिन्दी के क्षेत्र में आया। इसी समय छायावादी काव्य-शैली के कतिपय अनुयायियों ने 'यथार्थवादी' काव्य-प्रयोग आरम्भ किये, जिनमें पन्तजी भी एक प्रमुख प्रयोक्ता थे। चित्रण-शैली और प्रेरणा-भूमि दोनों में पूर्ववर्ती काव्य की अपेक्षा इनमें पर्याप्त अन्तर दिखायी दिया।

नया काव्य-प्रवर्तन आरम्भ हो चुका है, परन्तु शैली के रूप में उसकी नूतन प्रतिष्ठा होने में कुछ समय लगेगा। इस नवीन प्रवर्तन के मूल में नयी विचारणा, नयी चिन्तन-पद्धति और नवीन जीवन-दृष्टि ही नहीं है, नयी कला-शैली की भी सत्ता है। स्वभावतः यह नवीन निर्माण कल्पनाप्रधान छायावादी काव्य-निर्माण की अपेक्षा अधिक यथार्थ चित्रण-शैली का उपयोग कर रहा है, पर शैली का यह 'यथार्थ' अपने अन्तर्गत कितनी विभिन्न और दूरवर्ती भावना-सरणियों को आत्मसात् कर सकेगा, यह तो नवीन सांस्कृतिक विकास और भविष्य की सामाजिक प्रगति पर ही अवलम्बित है। अभी इसके सम्बन्ध में कोई निश्चयात्मक मत व्यक्त नहीं किया जा सकता।

शब्दार्थ

काव्य-प्रवाह = काव्य धारा; **सम्यक** = समुचित; **आधिभौतिक** = सांसारिक; **अदृष्ट** = अदृश्य; **सादी** = कवि; **सापेक्ष** = पक्ष में; **अलौकिक** = परलोक; **निषेध** = नकार; **प्रचुर** = काफी; **सर्वथा** = एकदम; **सरणी** = शाखा; **दूरवर्ती** = दूर की दृष्टि; **यथार्थ** = वास्तविकता; **ऐकान्तिक** = अकेले में रमने वाला।

रामविलास शर्मा

मार्क्सवादी चिन्तन की वैज्ञानिक वस्तुपरकता और जनपक्षधरता के आधार पर हिन्दी आलोचना के नये प्रतिमान-निर्माताओं में डॉ. रामविलास शर्मा का अन्यतम स्थान है। अपनी विवेचन-शैली एवं स्थापनाओं के कारण पर्याप्त विवादास्पद होने के बावजूद शुक्लोत्तर हिन्दी आलोचना के वे केन्द्रीय व्यक्तित्व हैं। आचार्य रामचन्द्र शुक्ल की आलोचना-भूमि का विस्तार करते हुए उन्होंने हिन्दी साहित्य की जातीय परम्परा और उसमें निहित प्रगतिशील मूल्यों का उद्घाटन किया। 10 अक्तूबर, 1912 को उन्नाव जिले के ऊँचगाँव-सानी में जन्मे डॉ. शर्मा का विद्यार्थी-जीवन झाँसी और लखनऊ में बीता। लखनऊ विश्वविद्यालय से अंग्रेजी में पीएच.डी. करके सन् 1943 तक वहीं अध्यापन किया। लखनऊ में ही निराला, अमृतलाल नागर, केदारनाथ अग्रवाल, गिरिजा कुमार माथुर तथा शिवमंगल सिंह 'सुमन' जैसे हिन्दी साहित्यकारों से सम्पर्क एवं सम्बन्धों का सिलसिला शुरू हुआ जो बाद में स्थायी मैत्री में बदल गया। इसी वर्ष डॉ. शर्मा वाज़िद अली शाह और अपनी तहज़ीब के लिए मशहूर लखनऊ को छोड़कर ताजमहल की नगरी आगरा के बलवन्त राजपूत कॉलेज में आ गये और 1971 में यहीं से रिटायर हुए। सन् 1971 से 1973 तक उन्होंने के.एम. मुंशी हिन्दी पीठ (आगरा) के निदेशक का कार्यभार सँभाला। सन् 1981 से मृत्युपर्यंत, यानी सन् 2000 तक वे दिल्ली में रहे। लगभग बीस वर्षों के दिल्ली-प्रवास में एक साधक का जीवन जीते हुए उन्होंने अनेक महत्त्वपूर्ण ग्रन्थों की रचना के द्वारा हिन्दी वाङ्मय को समृद्ध किया।

डॉ. रामविलास शर्मा की रचनात्मक, आलोचनात्मक और संगठनात्मक सक्रियता का क्षेत्र बहुत व्यापक है। उनके लेखन की शुरुआत कविता से हुई। अज्ञेय के सम्पादन में प्रकाशित 'तारसप्तक' में संकलित कविताओं के कारण उनकी पहचान एक कवि के रूप में उभरी। उन्होंने 'अगिया बैताल' और 'निरंजन' नाम से भी कविताएँ लिखीं। पहला काव्य-संग्रह 'रूप-तरंग'

शीर्षक से सन् 1956 में प्रकाशित हुआ। सन् 1960 में बुल्गेरियन कवि वप्सारोव की कविताओं को मिलाकर भूमिका के साथ 'रूप-तरंग' नये कलेवर में प्रकाशित हुई—'रूप-तरंग और प्रगतिशील कविता की वैज्ञानिक पृष्ठभूमि' नाम से। राजनीतिक भावबोध वाली डॉ. शर्मा की कविताएँ 'सदियों के सोए जाग उठे' संग्रह में शामिल हैं। डॉ. शर्मा ने उपन्यास एवं नाटक-लेखन में भी हाथ आजमाया। एक उपन्यास लिखा 'चार दिन'। 'सूर्यास्त', 'पाप के पुजारी', 'तुलसीदास' तथा 'कानपुर के हत्यारे' जैसे नाटक लिखे। इनमें से कुछ का मंचन भी हुआ, लेकिन उनकी पहचान एक कवि एवं आलोचक के रूप में ही उभरी। काव्य और आलोचना की समानान्तर यात्रा में धीरे-धीरे कविता छूटती चली गयी और आलोचना का क्षेत्र व्यापक होता गया। वे सन् 1949-1953 के दौरान 'अखिल भारतीय प्रगतिशील लेखक संघ' के महासचिव रहे और दो वर्ष (1958-1959) तक 'समालोचक' पत्रिका का सम्पादन किया।

साहित्य के अतिरिक्त भाषा, इतिहास, मार्क्सवाद तथा दर्शन—डॉ. शर्मा के अध्ययन, चिन्तन और लेखन के व्यापक क्षेत्र हैं। भाषा से सन्दर्भित 'भाषा, साहित्य और संस्कृति', 'भाषा और समाज', 'राष्ट्रभाषा की समस्या' तथा 'भारत के प्राचीन भाषा-परिवार और हिन्दी' जैसी पुस्तकें मील का पत्थर हैं। इतिहास में नवजागरण डॉ. शर्मा का विशेष क्षेत्र है। बंगाल और महाराष्ट्र के नवजागरण के समानान्तर उन्होंने हिन्दी नवजागरण की अवधारणा का सूत्रपात किया और स्थापना की कि हिन्दी नवजागरण ने ही उन्नीसवीं शताब्दी के नवजागरण को अखिल भारतीय या राष्ट्रीय आधार दिया। नवजागरण को केन्द्र में रखकर डॉ. शर्मा ने भारतेन्दु और महावीरप्रसाद द्विवेदी पर 'भारतेन्दु हरिश्चन्द्र और हिन्दी नवजागरण की समस्याएँ' तथा 'महावीरप्रसाद द्विवेदी और हिन्दी नवजागरण' जैसी महत्त्वपूर्ण पुस्तकों की रचना की। 'मानव-सभ्यता का विकास', 'प्रगतिशील साहित्य की समस्याएँ', 'मार्क्स और पिछड़े हुए समाज' तथा 'भारत में अंग्रेजी राज और मार्क्सवाद' जैसे ग्रन्थ हिन्दी भाषा में मार्क्सवादी ज्ञान-मीमांसा के अभाव की पूर्ति करते हैं। जीवन के अन्तिम वर्षों में वे वैदिक साहित्य और दर्शन पर काम कर रहे थे। उन्होंने वेदों की अपौरुषेयता के ठोस सामाजिक-आर्थिक आधारों को स्पष्ट किया। 'भारतीय साहित्य की भूमिका', 'पश्चिम एशिया और ऋग्वेद' और 'भारतीय संस्कृति और हिन्दी प्रदेश' जैसे ग्रन्थ हिन्दी की दुनिया का विस्तार करते हैं। 'गाँधी, अम्बेडकर, लोहिया' और 'भारतीय सौन्दर्य और तुलसीदास' जैसा बृहत् ग्रन्थ डॉ. शर्मा के चिन्तन की समकालीनता एवं सरोकारों का प्रमाण है। अपने

प्रिय कवि तुलसीदास पर उनका लेखन अधूरा रह गया। साहित्य अकादमी ने 'भारतीय सौन्दर्य-बोध और तुलसीदास' शीर्षक से इस अधूरे ग्रन्थ को प्रकाशित किया है।

साहित्यिक योगदान के लिए डॉ. रामविलास शर्मा को अनेक पुरस्कारों से सम्मानित किया गया जिनमें साहित्य अकादमी पुरस्कार, दिल्ली हिन्दी अकादमी का, 'शलाका सम्मान', उत्तर प्रदेश हिन्दी संस्थान का 'भारत-भारती' पुरस्कार और 'व्यास-सम्मान' मुख्य हैं। डॉ. शर्मा ने इन पुरस्कारों के लिए आभार व्यक्त किया, किन्तु पुरस्कारों से प्राप्त राशि को शिक्षा-प्रसार तथा पुस्तकालयों के लिए वापस कर दिया। वे साहित्य अकादमी की महत्तर सदस्यता तथा दिल्ली हिन्दी अकादमी के 'शताब्दी सम्मान' से विभूषित हुए। लगभग पैंसठ वर्षों के अनथक लेखन से डॉ. शर्मा ने जितना कार्य किया, उतना कर पाना संस्थाओं के लिए भी एक चुनौती है। उनका सम्पूर्ण लेखन एक विशिष्ट ढंग से हिन्दी का विश्वकोश है।

निबन्ध सार : सन्त-साहित्य की ऐतिहासिक भूमिका

रामविलास शर्मा भारतीय जातीय विचार (जातिगत विचार नहीं, जातीयता अर्थात् भारतीयता) के आलोचक है। रामविलास शर्मा भारतीय साहित्य के प्रगतिशील तत्त्वों की पहचान कर उन्हें हिन्दी आलोचना का अंग बनाते हैं। इस अर्थ में सन्त साहित्य की भूमिका भी ऐतिहासिक हो जाती है।

प्रस्तुत निबन्ध में कहा गया है कि भारत में अंग्रेजी राज से पूर्व जो साहित्य था वह सन्त साहित्य था, जो जनता का साहित्य था न कि राजदरबारों का। सन्त साहित्य भारतीय श्रमिक वर्ग की चेतना का साहित्य रहा है। भारतीय समाज एक सामन्ती समाज रहा है। जातिव्यवस्था इसका आधार रही है जब यूरोप में पूँजीवाद का उदय हुआ तब भारतीय जनता सन्त साहित्य के माध्यम से अपने आन्तरिक दुख-दर्दों की अभिव्यक्ति करते थे। वर्ण व्यवस्था से पीड़ित भारतीय समाज सन्त साहित्य के बल पर प्रतिरोधी चेतना का प्रसार कर रहा था।

सन्त साहित्य के कई भेद थे। निर्गुण, ज्ञानमार्गी, सूफी इत्यादि। सभी ने भारतीय संस्कृति को सम्बल प्रदान किया। निर्गुण सन्तों ने वर्ण व्यवस्था का विरोध किया तो सूफी सन्तों ने गंगा-जमुनी तहजीब को भारतीय जातीय चेतना का अंग बनाया। चूँकि सन्त साहित्य किसानों-दस्तकारों, कामगारों तथा उत्पादनशील जातियों का सृजन था इसलिए इसमें सामाजिक कुरीतियों का पर्याप्त विरोध मिलता है। कबीर और तुलसी दोनों अलग विचारधारा से निःसृत हैं किन्तु लक्ष्य

दोनों का मानवता, प्रेम तथा सामाजिक मूल्य रहा है। मीरा हो या सूरदास दोनों मनुष्य के परस्पर सुखद सम्बन्धों को गौरवान्वित करते हैं।

सन्त साहित्य का दूसरा पक्ष यह रहा कि इसने पीड़ित जातियों के क्रोध को प्रकट किया। सामन्ती समाज में पुरोहितों की स्त्री विरोधी मानसिकता का विरोध सन्त साहित्य में मिलता है। सन्त साहित्य भाषा-प्रेम के द्वारा भी राष्ट्रप्रेम की स्थापना करता है चूँकि वहाँ दरबार का विरोध तथा जनपक्षधरता है। अतः उसमें जातीय चेतना का प्रवाह देखा जा सकता है।

सन्त साहित्य ने जिस कलात्मक सौन्दर्य की प्रतिष्ठा की उसका आधार लोक-संस्कृति थी। इन कवियों की लोकप्रियता निर्विवाद है। दरबारी कवि इनका मुकाबला नहीं कर सकता। सन्त साहित्य की ऐतिहासिक भूमिका है कि इसने सामन्ती बन्धनों का विरोध कर मानवता की प्रतिष्ठा की। जनवादी चेतना को पुष्ट कर नयी संस्कृति का निर्माण किया। इस नयी संस्कृति का उद्देश्य जन-कल्याण था।

सन्त-साहित्य की ऐतिहासिक भूमिका

•

रामविलास शर्मा

भारत में अंग्रेजी राज कायम होने से पहले यहाँ साहित्य की जो देशव्यापी धारा प्रवाहित थी, उसे हम सन्त-साहित्य कहते हैं। इस धारा का स्रोत न तो राजदरबार थे, न मन्दिर और मस्जिद। इस धारा का स्रोत भारतीय जनता का हृदय था। सदियों से वर्णाश्रम धर्म और सामन्ती शासन की चट्टानों के नीचे जो धरा घुमड़ रही थी, वह मध्य-काल में हठात् फूट पड़ी और उसने कश्मीर से लेकर कन्याकुमारी तक, बंगाल से लेकर गुजरात तक इस देश की विशाल धरती को सींच दिया। इतने बड़े पैमाने पर तक तक मानव-इतिहास में किसी साहित्यिक धारा का प्रसार न हुआ था। यूरोप का भव्य रिनैसांस इसके सामने बहुत ही सीमित है। केवल बीसवीं सदी में समाजवादी विचारधारा से प्रभावित साहित्य देशों की सीमाएँ तोड़ कर उससे भी बड़े पैमाने पर फैला है। यह सच है कि यूरोप के इस पूँजीवाद ने विश्वव्यापी **बाजार** कायम किया और देशों का अलगाव खत्म किया, लेकिन यह पूँजीवाद **पिछड़े** हुए देशों की भाषा और संस्कृति को कुचलता था और खुद अपने घर में उसकी जनविरोधी असंगतियों के कारण दांते, शेक्सपियर, मिल्टन जैसे साहित्यकार बहुधा पूँजीवाद नैतिक मूल्यों का विरोध करके आगे बढ़े थे। भारतीय सन्त-साहित्य श्रमिक जनता से अलग उच्च वर्गों का साहित्य न था। उसके निर्माता किसानों और कारीगरों के वर्गों में पैदा हुए थे। इनके हाथों संस्कृत और फारसी से भिन्न, भारत की प्राचीन भाषाएँ, साहित्य के मंच पर प्रतिष्ठित हुईं। संस्कृत और फारसी का एकाधिकार खत्म हुआ। भारत का विराट् जनजागरण आरम्भ हुआ।

सन्त-साहित्य में बहुत-से भेद-उपभेद हैं। कोई सूफी, कोई वैष्णव है, कोई निगुर्णवादी है, कोई शैव है; लेकिन सभी में एक तत्त्व समान है—प्रेम। जायसी, तुलसी, मीरा, कबीर—इनसे प्रेम का तत्त्व निकाल दीजिए तो भेद-उपभेद बच

रहेंगे, लेकिन मूल स्वर नष्ट हो जायेगा। इसलिए सन्त और भक्त का भेद करना भ्रम हे। सन्तों और जायसी जैसे प्रेममार्गी कवियों में मौलिक भेद करना सही नहीं है। इस प्रेम के आधार पर ही हिन्दू और मुसलमान, छूत और अछूत–सब मिलकर एक हुए थे। कबीर निर्गुणवादी सन्त हैं तो भक्त भी। कहते हैं–

"भक्ति का मारग झीना रे।"

तुलसीदास भक्त कवि हैं तो सन्त भी! "मुदमंगलमय सन्त समाजू। जो जड़ जंगम तीरथराजू ॥" चाहे वह भक्ति हो, चाहे साधना, उसका मूल मन्त्र प्रेम है। कबीर के शब्दों में–

शून्य मरै अजपा मरै, अनहद हू मरि जाय।
राम सनेही ना मरै, कह कबीर समुझाय ॥

यह प्रेम आध्यात्मिक है या मानवीय? ऊपर से देखने पर मालूम होगा कि यह प्रेम आध्यात्मिक है और ये कवि ईश्वर के ध्यान में मग्न हैं। वास्तव मे प्रेम का 'रूप' ही आध्यायित्क है, उसका 'अन्तस्' मानवीय है। मानवमात्र की समानता, मानव-प्रेम यही उनके प्रेम का मूल सूत्र है। इसीलिए मानवता को ऊँच-नीच में बाँटने वाली, जाति, वर्ण और धर्म के नाम पर मानव से घृणा सिखाने वाली विचारधारा का वे विरोध करते हैं। सूर और तुलसी में राम और कृष्ण की कथा के माध्यम से प्रेम और भी स्पष्ट रूप से प्रकट हुआ है।

सन्तों के लिए संसार सत्य है या मिथ्या? उनके सैकड़ों पद ऐसे मिलेंगे जिनमें इस मिथ्या संसार से नाता तोड़कर शाश्वत् सत्य या परलोक से नाता जोड़ने का उपदेश दिया गया है। कुछ विद्वानों के लिए सन्त-साहित्य का यही मूल सन्देश है। वास्तव में यह मायावाद सन्त-साहित्य का सबसे कमजोर पहलू है। उसका ऐतिहासिक कारण यह है कि उस समय किसी क्रान्तिकारी वर्ग के नेतृत्व में देश की सामन्त विरोधी जनता का संगठन नहीं हुआ था। इसीलिए एक कल्पित आनन्द, कल्पित साधना द्वारा मनुष्य अपने हृदय को ढाढ़स बँधाता था। सन्त-साहित्य का यह मायावादी रूप उसके सामन्त विरोधी, संघर्षप्रिय चुनौती देने वाले सामाजिक रूप से टकराता है, उसे सीमित करता है। फिर भी तुलसीदास की यह स्पष्ट उक्ति है–

झूठो है, झूठो है, झूठो सदा जग सन्त कहत जे अन्त लहा है।
जानपने की गुमान बड़ो तुलसी के विचार गंवार महा है ॥

सूरदास की गोपियाँ जब योग को कोसती हैं, तुलसी की ग्रामवधुएँ जब सीता से पूछती हैं–"कहाँ साँवरे से सखि रावरे को हैं?" जब मीरा विह्वल होकर गाती है–"अँसुअन जल सींचि-सींचि प्रेम बेलि बोई" –तब सन्त-साहित्य

की धारा मानव-प्रेम की ही प्रतिष्ठा करती है, वह इसी संसार में मनुष्य के परस्पर सुखद सम्बन्धों को गौरवान्वित करती है।

सन्त-साहित्य की प्रबल धारा ने समाज के ऐसे स्तरों को जगाया, जो सबसे पीड़ित थे और संस्कृति से वंचित थे। अछूत और नीच कहलाने वाले लोगों में सन्तों का जन्म हुआ। इन सब लोगों के लिए न मन्दिरों में जगह थी, न ही मस्जिदों में। इनका निर्गुणवाद मन्दिर, मस्जिद, वेद, पुराण और कुरान के विरुद्ध चुनौती बनकर आया है। वे मन्दिर-मस्जिद की सीमाएँ नहीं मानते। भले ही इनका द्वार उनके लिए बन्द हो, वे अपने हृदय में साहब का दर्शन कर लेते हैं।

सन्त साहित्य इन पीड़ित जातियों का क्रोध अच्छी तरह प्रकट करता है। सदियों का दबा हुआ सम्मान, सदियों का संचित अपमान कड़वी उक्तियों में फूट पड़ता है, भले ही उन्होंने उपदेश दिया हो—

ऐसी बानी बोलिये, मन का आपा खोय।
औरन को सीतल करै, आपहु सीतल होय।।

तुलसीदास ने अपने विरोधियों के लिए जिन विशेषणों का प्रयोग किया है, देखिये, वे कितने शीतल हैं? ऊपर 'गँवार महा है' की उक्ति एक मिसाल है। कबीर का तो कहना ही क्या? हिन्दू और मुसलमान होने का दम्भ करने वालों पर, ब्राह्मण और ऊँची जाति का होने पर गर्व करने वालों पर उन्होंने क्या-क्या वार किये हैं—

'साधौ पाँडे निपुन कसाई।
बकरी मारि भेड़ि को धाये, दिल में दरद न आयी।।'

सन्त-साहित्य हिन्दुओं और मुसलमानों को मिलाने वाला, उनकी धार्मिक कट्टरता की कटु आलोचना करने वाला, जाति-प्रथा और ऊँच-नीच का भेद मिटाने वाला साहित्य है।

सामन्ती समाज में पुरोहितों ने नारी मात्र को संस्कृति के चौके से बाहर कर दिया था। बहुत दिनों के बाद नारी ने इस चौके की सीमाएँ तोड़कर साहित्य के क्षेत्र में पैर रखा। मध्यकालीन भारत में नारी-जागरण की प्रतीक अमर गायिका मीरा है। सन्तों ने नारी को साधना में बाधक समझा; लेकिन सूर, तुलसी, चण्डीदास आदि कवियों ने उसके प्रति संवेदना प्रकट की और उसके प्रेम और सौन्दर्य के गीत गाये।

सन्त साहित्य नयी जातीय चेतना का साहित्य है। यह जातीय चेतना भाषा-प्रेम के रूप में प्रकट होती है। सन्त कवि संस्कृत और फारसी की तुलना में

भाषा के रस की प्रशंसा करते हैं। दिल्ली दरबार के खिलाफ भारत की जातियों ने जो संघर्ष किया, उससे सन्त-साहित्य का निकट सम्बन्ध था। सन्त कवियों ने दरबारी वीर-रस का मार्ग छोड़कर प्राचीन महाकाव्यों के आधार पर वीर-भावना का संचार किया। इसी उद्देश्य से मराठी के सन्त कवि समर्थ गुरु रामदास ने सुन्दरकाण्ड और युद्धकाण्ड की रचना की थी। तुलसीदास को धनुर्धारी राम इसीलिए प्रिय हैं। स्वामी रामदास ने दास-बोध में सैन्य-संगठन और किलेबन्दी पर भी रचनाएँ की हैं, पर सब सन्त-साहित्य के जातीय पक्ष का प्रमाण है।

सन्त-साहित्य ने कलात्मक सौन्दर्य को और विकसित किया। उनकी कला का मूल आधार लोक-संस्कृति थी। तुलसी और जायसी की चौपाइयाँ, कबीर के दोहे और साखियाँ, मीरा के भजन जनता के अपने साहित्यिक रूप थे। सन्त-कवियों ने अपनी ही गेयता, माधुर्य और सरलता से दरबारी साहित्य को परास्त कर दिया। आज गुण में भी कोई भी दरबारी कवि उनका मुकाबला नहीं कर सकता। उनके रूपक और उपमाएँ अनूठी हैं, विशेषकर तुलसीदास में थोड़े-से शब्दों में विराट् चित्र देने की अपूर्व क्षमता है। यही कारण है कि इन कवियों की सैकड़ों पंक्तियाँ जनता के कण्ठ में बस गयीं और उसकी लोक-संस्कृति का अंग बन गयीं।

सन्त साहित्य की यह ऐतिहासिक भूमिका है कि उसने सामन्ती बन्धनों का विरोध करके सहज मानवता की प्रतिष्ठा की, उसने जनता की जातीय और जनवादी चेतना को पुष्ट किया और उसके क्रोध, आशा और विजय कामना को वाणी दी। सन्त-साहित्य अंग्रेज साम्राज्यवादियों का यह दावा झूठा साबित करता है कि जव वे भारत में आये, तब वह देश असंस्कृत था। सन्त-साहित्य हमें वह जनवादी आधार देता हैं जिस पर नयी संस्कृति का प्रासाद बनाया जायेगा, ऐसी संस्कृति का, जिसका उद्देश्य जन-कल्याण होगा।

शब्दार्थ

वर्णाश्रम = चार वर्णों में बँटा समाज; **रिनैसांस** = यूरोप का पुनर्जागरण; **समाजवादी** = मार्क्सवादी विचार का समाज जहाँ पूँजीवाद ना हो, शोषण मुक्त समाज; **जनजागरण** = जनता की चेतना का जागना; अन्तस भीतर का; **चौके** = रसोई; **महाकाव्य** = सम्पूर्ण जीवन के काव्य यथा रामायण, महाभारत; **जायसी** = सूफी कवि, पद्मावत के रचयिता; **सामन्ती** = जमींदारी, जहाँ धर्म का आधिपत्य हो तथा श्रम का शोषण हो। **साम्राज्यवाद** = पूँजी व सेना के बल पर साम्राज्य का विस्तार करने का भाव।

विद्यानिवास मिश्र

विद्यानिवास मिश्र जी का जन्म माघ कृष्ण 14, सन् 1925 में गोरखपुर जिले के पकड़डीहा गाँव में सरयू पारीण ब्राह्मण कुल में हुआ था। आपने प्रयाग विश्वविद्यालय से संस्कृत साहित्य से एम.ए. की परीक्षा पास की, परन्तु पं. श्री. नारायण चतुर्वेदी और श्री राहुल सांकृत्यायन की प्रेरणा से सेवा हिन्दी की ही की। आप अंग्रेजी, संस्कृत, हिन्दी आदि अनेक भाषाओं के प्रकाण्ड विद्वान थे। देश-विदेश में बहुत घूमे हुए, अनेक महत्त्वपूर्ण पदों को सुशोभित कर चुके विद्यानिवास मिश्र सांस्कृतिक गरिमा सम्पन्न प्रभूत निबन्ध साहित्य के प्रणेता, भाषा विज्ञानी और प्रतिष्ठा और प्रतिष्ठित पत्रकार, सम्पादक रहे हैं। आपकी मृत्यु एक मोटर दुर्घटना में 14 फरवरी, 2005 में हुई।

मिश्र जी को ललित निबन्धकार के रूप में विशेष प्रसिद्धि मिली। सांस्कृतिक विरासत के प्रति अहोभाव, लोकजीवन में आस्था और गहरी मानवतावादी दृष्टि आपके निबन्धों को विशिष्ट बनाती है। आपके निबन्धों में कहीं-कहीं परम्परा के प्रति अतिशय लगाव दिखायी देता है, लेकिन अपने परिवेश के प्रति सजगता भी दिखायी है। व्यथा और निराशा में समकालीन बोध व्यंजित होता है। आप संस्कृत शब्दावली के साथ लोकजीवन में प्रचलित देशज शब्दों एवं भोजपुरी कहावतों को गूँथते जाते हैं, लेकिन भाषा की प्रवाहिता को नुकसान नहीं होने देते।

मिश्र जी ने सांस्कृतिक-ललित निबन्ध लिखे हैं, लेकिन आपके निबन्ध हजारीप्रसाद द्विवेदी और कुबेरनाथ राय के ललित निबन्धों से भिन्न हैं। पश्चिम के साहित्यों और संस्कृतियों के गहन परिचय ने इनकी भारतीयता को और अधिक पुष्ट किया है। आपके निबन्धों में परम्परा और आधुनिकता के बीच सार्थक संवाद मिलता है तथा चिन्तन में सर्वत्र मौलिकता दिखायी देती है। आपके निबन्ध शिक्षा, भाषा साहित्य, संस्कृति आदि से सम्बद्ध हैं। इनमें 'गाँव का मन', 'छितवन की छाँह', 'मेरे राम का मुकुट भीग रहा है', 'तुम चन्दन हम पानी', 'शेफाली झर रही

है', 'वसन्त आ गया है पर कोई उत्कण्ठा नहीं', 'आँगन का पंछी और बनजारा मन', 'परम्परा बन्धन नहीं,' आदि प्रसिद्ध संग्रह हैं।

'मेरे राम का मुकुट भीग रहा है' यह निबन्ध-संग्रह सन् 1974 में प्रकाशित हुआ। इसमें लेखक विचारों के प्रति लिखते हैं, "आज इतने चौराहों पर जो मूर्तियाँ स्थापित हो रही हैं और दूसरे दिन वे ही भूलुण्ठित की जा रही हैं, इसके पीछे मृत्यु पूजा का भाव और भय काम कर रहे हैं। जो चला गया, उसकी पार्थिव आवृत्ति इतिहास के लिए जरूरी है, पर उसकी पूजा क्यों? पूजा हो तो उसके वैचारिक रूप की पूजा हो, जीवन में जो रूप आत्मसात् हुआ है, उसकी पूजा हो। जो रीत गया, फूट गया, उसकी पूजा क्यों हो? राम के विषय में इसी निबन्ध में कहते है कि राम रचना नहीं, कल्पना नहीं, इतिहास नहीं, मूर्ति नहीं, रचना की प्रक्रिया, कल्पना की छटपटाहट है, इतिहास की बदलती हुई व्यवस्था है। मूर्ति अधूरेपन की जागरूक स्मृति है। लेखक का कहना है कि राम अयोध्या से लौटें न लौटें, हमें क्या मतलब? हमें तो राम की लीला में अपने को कहीं स्थापित कर देना है।

निबन्ध सार : मेरे राम का मुकुट भीग रहा है

विद्यानिवास मिश्र हिन्दी साहित्य के महत्त्वपूर्ण आलोचक व निबन्धकार हैं। मिश्र जी ने ललित निबन्ध शैली में द्विवेदी जी की परम्परा को मजबूत किया है। द्विवेदी जी की ही तरह इनके निबन्धों में भी भारतीय संस्कृति, परम्परा और इतिहास-दर्शन की स्थापना देखी जा सकती है। इनके निबन्धों में ज्ञान की गहराई के साथ-साथ जन सम्बद्धता भी सहज ही देखी जा सकती है।

'मेरे राम का मुकुट भीग रहा है' निबन्ध में एक चिन्तनपरक व्यक्तित्व को भी दिखाता है। लेखक के एक मित्र संगीत के किसी कार्यक्रम में जाना चाहते हैं। वह इनके युग को साथ ले जाना चाहते हैं। ऐसे में साथ चलने के लिए इनके घर आयी एक रिश्तेदार लड़की भी तैयार हो जाती है। तीनों चले जाते हैं, समय से आने जैसी हिदायतों के साथ जब निर्धारित समय तक नहीं लौटते तो लेखक और उनकी पत्नी को चिन्ता होती है। ध्यान रहे यह वह समय है जब आज की तरह मोबाइल फोन नहीं थे। ऐसे में अनेक तरह की शंकाएँ लेखक ओर उनकी पत्नी को घेर लेती हैं।

चिन्ताओं-दुश्चिन्ताओं भरे इन क्षणों में लेखक को राम के वन गमन का सन्दर्भ याद आ जाता है और साथ ही माता कौशल्या की मनःस्थिति समझ में आती है, इन पंक्तियों के माध्यम से—

"मेरे राम के भीजै मुकुटवा,
लखिमन के पटुकवा
मोरी सीता के मीजे सेनुखा
त राम घर लौटहिं।"

यहाँ वनवास में भटकते राम, सीता और लक्ष्मण को लेकर कौशल्या की चिन्ता तथा लेखक की मनःस्थिति एक हो जाती है। हालाँकि राम वनवास से पूर्व मुकुट त्यागकर गये हैं किन्तु माता का मन तथा लोकमन मुकुट विहीन राम की कल्पना ही नहीं कर सकते। क्रमशः लक्ष्मण व सीता की चिन्ता भी राम में ही जुड़ी हुई हैं।

लेखक वर्तमान से लेकर इतिहास पुराण के काल में पाठक को विचरण करवा देता है, क्यों? क्योंकि उसे घर आयी हुई उस अतिथि कन्या की चिन्ता है। लेखक बार-बार विचार करता है कि लड़की बेशक दो अभिभावकों के साथ है, परन्तु इतनी रात गा कैसे आयेगी? गली में जाने कैसे-कैसे असामाजिक तत्त्व हैं? वह स्वयं को अपराधी-सा महसूस करते हैं। इस सारे उपक्रम में लेखक लोक-परलोक, दीन-दुनिया सबका फेरा मार आते हैं, पति-पत्नी खाना नहीं खा पाते हैं। वो लोग बहुत देर रात लौटे तो इन लोगों ने चैन की साँस ली।

महत्त्वपूर्ण बात यह है कि आज के युग में कौन ऐसा होगा जो पराई कन्या के लिए अपनी कन्या जैसी चिन्ता व स्नेह दिखलाए? यह निबन्ध भारतीय समाज में स्त्रियों की स्थिति को भी बयान करता है।

मेरे राम का मुकुट भीग रहा है

●

विद्यानिवास मिश्र

महीनों से मन बेहद-बेहद उदास है। उदासी की कोई खास वजह नहीं, कुछ तबीयत ढीली, कुछ आसपास के तनाव और कुछ उनसे टूटने का डर, खुले आकाश के नीचे भी खुलकर साँस लेने की जगह की कमी, जिस काम में लगकर मुक्ति पाना चाहता हूँ, उस काम में हजार बाधाएँ; कुल ले-देकर उदासी के लिए इतनी बड़ी चीज नहीं बनती। फिर भी रात-रात नींद नहीं आती। दिन ऐसे बीतते हैं, जैसे भूतों के सपनों की एक रील पर दूसरी रील चढ़ा दी गयी हो और भूतों की आकृतियाँ और डरावनी हो गयी हों। इसलिए कभी-कभी तो बड़ी-से-बड़ी परेशानी करने वाली बात हो जाती है। और कुछ भी परेशानी नहीं होती, उल्टे ऐसा लगता है, जो हुआ, एक सहज क्रम में हुआ; न होना ही कुछ अटपटा होता और कभी-कभी बहुत मामूली-सी बात भी भयंकर चिन्ता का कारण बन जाती है।

अभी दो-तीन रात पहले मेरे एक साथी संगीत का कार्यक्रम सुनने के लिए नौ बजे रात गये, साथ में जाने के लिए मेरे एक चिरंजीव ने और मेरी एक मेहमान, महानगरीय वातावरण में पली कन्या ने अनुमति माँगी। शहरों की आजकल की असुरक्षित स्थिति का ध्यान करके इन दोनों को जाने तो नहीं देना चाहता था, पर लड़कों का मन भी तो रखना होता है, कह दिया, एक-डेढ़ घण्टे सुनकर चले जाना।

रात के बारह बजे। लोग नहीं लौटे। गृहिणी बहुत उद्विग्न हुईं, झल्लायीं; साथ में गये मित्र पर नाराज होने के लिए संकल्प बोलने लगीं। इतने में जोर की बारिश आ गयी। छत से बिस्तर समेटकर कमरे में आया। गृहिणी को मझाया, बारिश थमेगी, आ जायेंगे, संगीत में मन लग जाता है, तो उठने की तबीयत नहीं होती। तुम सोओ, ऐसे बच्चे नहीं हैं। पत्नी किसी तरह शान्त होकर सो गयी, पर मैं अकुला उठा। बारिश निकल गयी, ये लोग नहीं आये। बरामदे में कुर्सी लगाकर राह जोहने लगा। दूर कोई भी

आहट होती, तो उदग्र होकर फाटक [illegible] बिजली चमक जाती थी और सड़क छिप जाती थी। [illegible] कोई रिक्शा नहीं, कोई चिरई का पूत नहीं। एकाएक कई दि[illegible]ड़ती-घुमड़ती पंक्तियाँ गूँज गयीं–

"मोरे राम के भीजै मुकुटवा,
लछिमन के पटुकवा
मोरी सीता के भीजै सेनुरवा
त राम घर लौटहिं॥"

(मेरे राम का मुकुट भीग रहा होगा, मेरे लखन का पटुका (दुपट्टा) भीग रहा होगा, मेरी सीता की [illegible] का सिन्दूर भीग रहा होगा, मेरे राम घर लौट आते।)

बचपन में दादी [illegible]नी जायें पर यह गीत गातीं, मेरे घर से बाहर जाने पर विदेश में रहने पर [illegible] गीत विह्वल होकर गातीं और लौटने पर कहतीं–'मेरे लाल को कैसा बनवास मिला था?' जब मुझे दादी-नानी की इस आकुलता पर हँसी भी आती, गीत का स्वर बड़ा मीठा लगता। हाँ, तब उसका दर्द नहीं छूता। पर इस प्रतीक्षा में एकाएक उसका दर्द उस ढलती रात में उभर आया और सोचने लगा, आने वाली पीढ़ी पिछली पीढ़ी की ममता की पीड़ा नहीं समझ पाती और पिछली पीढ़ी अपनी सन्तान के सम्भावित संकट की कल्पना मात्र से उद्विग्न हो जाती है। मन में यह प्रतीति ही नहीं होती कि अब सन्तान समर्थ है, बड़े-से-बड़ा संकट झेल लेगी। बार-बार मन को समझाने की कोशिश करता, लड़की दिल्ली विश्वविद्यालय के एक कॉलेज में पढ़ाती है, लड़का संकट-बोध की कविता लिखता है, पर लड़की का खयाल आते ही दुश्चिन्ता होती, गली में जाने कैसे तत्त्व रहते हैं! लौटते समय कहीं कुछ हो न गया हो और अपने भीतर अनायास अपराधी होने का भाव जाग जाता, मुझे रोकना चाहिए था या कोई व्यवस्था करनी चाहिए थी, परायी लड़की (और लड़की तो हर एक परायी होती है, धोबी की मुटरी की तरह घाट पर खुले आकाश में कितने दिन फहराएगी, अन्त में उसे गृहिणी बनने जाना ही है) घर आयी, कहीं कुछ हो न जाये!

× × ×

मन फिर घूम गया। कौसल्या की ओर, लाखों-करोड़ों कौसल्याओं की ओर और लाखों-करोड़ों कौसल्याओं के द्वारा मुखरित एक अनाम-अरूप कौसल्या की ओर, इन सबके राम बन में निर्वासित हैं, पर क्या बात है कि मुकुट अभी भी उनके माथे पर बँधा है और उसी के भीगने की इतनी चिन्ता है? क्या बात है कि आज भी काशी की रामलीला आरम्भ होने के पूर्व एक निश्चित मुहूर्त में मुकुट की ही पूजा सबसे पहले की जाती है? क्या बात है कि तुलसीदास ने 'कानन' को 'सत

अवध समाना' कहा और चित्रकूट में ही पहुँचने पर उन्हें 'कलि की कुटिल कुचाल' दीख पड़ी? क्या बात है कि आज भी बनवासी धनुर्धर राम ही लोकमानस के राजा राम बने हुए हैं? कहीं-न-कहीं इन सबके बीच एक संगति होनी चाहिए।

अभिषेक की बात चली, मन में अभिषेक हो गया और मन में राम के साथ राम का मुकुट प्रतिष्ठित हो गया। मन में प्रतिष्ठित हुआ, इसलिए राम ने राजकीय वेश उतारा, राजकीय रथ से उतरे, राजकीय भोग का परिहार किया, पर मुकुट तो लोगों के मन में था, कौसल्या के मातृ-स्नेह में था, वह कैसे उतरता? वह मस्तक पर विराजमान रहा और राम भीगें तो भीगें, मुकुट न भीगने पाये, इसकी चिन्ता बनी रही। राजा राम के साथ उनके अंगरक्षक लक्ष्मण का कमर-बन्द दुपट्टा भी (प्रहरी की जागरूकता का उपलक्षण) न भीगने पाये और अखण्ड सौभाग्यवती सीता की माँग का सिन्दूर न भीगने पाये, सीता भले ही भीग जायें। राम तो वन से लौट आये, सीता को लक्ष्मण फिर निर्वासित कर आये, पर लोकमानस में राम की वनयात्रा अभी नहीं रुकी। मुकुट, दुपट्टे और सिन्दूर के भीगने की आशंका अभी भी साल रही है। कितनी अयोध्याएँ बसीं, उजड़ीं, पर निर्वासित राम की असली राजधानी, जंगल का रास्ता अपने काँटों-कुशों, कंकड़ों-पत्थरों की वैसी ही ताजा चुभन लिए हुए बरकरार है, क्योंकि जिनका आसरा साधारण गँवार आदमी भी लगा सकता है, वे राम तो सदा निर्वासित ही रहेंगे और उनके राजपाट को सँभालने वाले भरत अयोध्या के समीप रहते हुए भी उनसे भी अधिक निर्वासित रहेंगे। निर्वासित ही नहीं, बल्कि कालकोठरी में बन्द जिलावतनी की तरह दिन बिताएँगे।

× × ×

सोचते-सोचते लगा कि इस देश की ही नहीं, पूरे विश्व की एक कौसल्या है; जो हर बारिश में बिसूर रही है—'मोरे राम के भीजै मुकुटवा' (मेरे राम का मुकुट भीग रहा होगा)। मेरी सन्तान, ऐश्वर्य की अधिकारिणी सन्तान वन में घूम रही है, उसका मुकुट, उसका ऐश्वर्य भीग रहा है, मेरे राम कब घर लौटेंगे; मेरे राम के सेवक का दुपट्टा भीग रहा है, पहरुए का कमरबन्द भीग रहा है, उसका जागरण भीग रहा है, मेरे राम की सहचारिणी सीता का सिन्दूर भीग रहा है, उसका अखण्ड सौभाग्य भीग रहा है, मैं कैसे धीरज धरूँ? मनुष्य की इस सनातन नियति से एकदम आतंकित हो उठा, ऐश्वर्य और निर्वासन, दोनों साथ-साथ चलते हैं। जिसे ऐश्वर्य सौंपा जाने को है, उसको निर्वासन पहले से बदा है। जिन लोगों के बीच रहता हूँ, वे सभी मंगल नाना के नाती हैं, वे 'मुद मंगल' में ही रहना चाहते हैं, मेरे जैसे आदमी को वे निराशावादी समझकर बिरादरी से बाहर ही रखते हैं,

डर लगता रहता है कि कहीं उड़कर उन्हें भी दुःख न लग जाये, पर मैं अशेष मंगलाकांक्षाओं के पीछे से झाँकती हुई दुर्निवार शंकाकुल आँखों में झाँकता हूँ, तो मंगल का सारा उत्साह फीका पड़ जाता है और बन्दनवार, बन्दनवार न दिखकर बटोरी हुई रस्सी की शक्ल में कुण्डली मारे नागिन दिखती है, मंगल घट औंधाई हुई अधफूटी गगरी दिखता है, उत्सव की रौशनी का तामझाम धुओं की गाँठों का अम्बार दिखता है और मंगल-वाद्य डेरा उखाड़ने वाले अन्तिम कारवरदार की उसाँस में बजकर एकबारगी बन्द हो जाता है।

लागति अवध भयावह भारी,
मातहुँ कालराति अँधियारी।
घोर जंतु सम पुर नर नारी,
डरपहिं एक हि एक निहारी।
घर मसान परिजन जनु भूता,
सुत हित मीत मनहुँ जमदूता।
बागन्ह बिटप बेलि कुम्हिलाहीं,
सरित सरोवर देखि न जाहीं।

कैसे मंगलमय प्रभात की कल्पना थी और कैसी अँधेरी कालरात्रि आ गयी है? एक-दूसरे को देखने से डर लगता है। घर मसान हो गया है, अपने ही लोग भूत-प्रेत बन गये हैं, पेड़ सूख गये हैं, लताएँ कुम्हला गयी हैं। नदियों और सरोवरों को देखना भी दुस्सह हो गया है। केवल इसलिए कि जिसका ऐश्वर्य से अभिषेक हो रहा था, वह निर्वासित हो गया। उत्कर्ष की ओर उन्मुख समष्टि का चैतन्य अपने ही घर से बाहर कर दिया गया, उत्कर्ष की मनुष्य की ऊर्ध्वोन्मुख चेतना की यही कीमत सनातन काल से अदा की जाती रही है। इसीलिए जब कीमत अदा कर दी गयी, तो उत्कर्ष कम-से-कम सुरक्षित रहे, यह चिन्ता स्वाभाविक हो जाती है। राम भीगें तो भीगें, राम के उत्कर्ष की कल्पना न भीगे। वह हर बारिश में, हर दुर्दिन में सुरक्षित रहे। नर के रूप में लीला करने वाले नारायण निर्वासन की व्यवस्था झेलें, पर नर रूप में उनकी ईश्वरता का बोध दमकता रहे, पानी की बूँदों की झालर में उसकी दीप्ति छिपने न पाये। उस नारायण की सुख-सेज बने अनन्त के अवतार लक्ष्मण भले ही भीगते रहें, उनका दुपट्टा, उनका अहर्निश जागर न भीजे, शेषी नारायण के ऐश्वर्य का गौरव अनन्त शेष के जागर-संकल्प से ही सुरक्षित हो सकेगा और इन दोनों का गौरव जगज्जननी आद्याशक्ति के अखण्ड सौभाग्य सीमान्त सिन्दूर से रक्षित हो सकेगा, उस शक्ति का एकनिष्ठ प्रेम पाकर राम का मुकुट है, क्योंकि राम का निर्वासन वस्तुतः सीता का दुहरा निर्वासन है। राम तो लौटकर राजा होते

हैं, पर रानी होते ही सीता राजा राम द्वारा वन में निर्वासित कर दी जाती हैं। राम के साथ लक्ष्मण हैं, सीता हैं, सीता वन्य पशुओं से घिरी हुई विजन में सोचती हैं—प्रसव की पीड़ा हो रही है, कौन इस वेला में सहारा देगा, कौन प्रसव के समय प्रकाश दिखलाएगा, कौन मुझे सँभालेगा, कौन जन्म के गीत गाएगा?

कोई गीत नहीं गाता। सीता जंगल की सूखी लकड़ी बीनती हैं, जलाकर अंजोर करती हैं और जुड़वाँ बच्चों का मुँह निहारती हैं। दूध की तरह अपमान की ज्वाला में चित्त कूद पड़ने के लिए उफनता है और बच्चों की प्यारी और मासूम सूरत देखते ही उस पर पानी के छींटे पड़ जाते हैं, उफान दब जाता है। पर इस निर्वासन में भी सीता का सौभाग्य अखण्डित है, वह राम के मुकुट को तब भी प्रमाणित करता है, मुकुटधारी राम को निर्वासन से भी बड़ी व्यथा देता है और एक बार और अयोध्या जंगल बन जाती है, स्नेह की रसधार रेत बन जाती है, सब कुछ उलट-पुलट जाता है, भवभूति के शब्दों में पहचान की बस एक निशानी बच रहती है, दूर ऊँचे खड़े तटस्थ पहाड़, राजमुकुट में जड़े हीरों की चमक के सैकड़ों शिखर, एकदम कठोर, तीखे और निर्मम—

पुरा यत्र स्रोतः पुलिनमधुना तत्र सरितां।
विपर्यासं यातो धन विरलभावः क्षितिरुहाम्।
बहोः कालाद् दृष्टं ह्यपरमिव मन्ये वनमिदं
निवेशं शैलानां तदिदमिति बुद्धिं द्रढयति।

राम का मुकुट इतना भारी हो उठता है कि राम उस बोझ से कराह उठाते हैं और इस वेदना के चीत्कार में सीता के माथे का सिन्दूर और दमक उठता है, सीता का वर्चस्व और प्रखर हो उठता है।

× × ×

कुर्सी पर पड़े-पड़े यह सब सोचते-सोचते चार बजने को आये। इतने में दरवाजे पर हल्की-सी दस्तक पड़ी, चिरंजीव निचली मंजिल से ऊपर नहीं चढ़े, सहमी हुई कृष्णा (मेरी मेहमान लड़की) बोली—दरवाजा खोलिए। आँखों में इतनी कातरता कि कुछ कहते नहीं बना। सिर्फ इतना कहा कि तुम लोगों को इसका अन्दाजा होगा कि हम कितने परेशान रहे हैं। भोजन-दूध धरा रह गया, किसी ने भी छुआ नहीं, मुँह ढाँपकर सोने का बहाना शुरू हुआ, मैं भी स्वस्ति की साँस लेकर बिस्तर पर पड़ा, पर अर्धचेतन अवस्था में फिर जहाँ खोया हुआ था, वहीं लौट गया। अपने लड़के घर लौट आये, बारिश से नहीं, संगीत से भीगकर, मेरी दादी-नानी के गीतों के राम, लखन और सीता अभी भी वन-वन भीग रहे हैं। तेज बारिश में पेड़ की छाया और दुःखद हो जाती है, पेड़ की हर पत्ती से टप-टप बूँदें पड़ने लगती हैं, तने पर टिकें,

तो उसकी हर नस-नस से आप्लावित होकर पीठ गलाने लगती है। जाने कब से मेरे राम भीग रहे हैं और बादल हैं कि मूसलाधार ढरकाये चले जा रहे हैं। इतने में मन में एक चोर धीरे से फुसफुसाता है, राम तुम्हारे कब से हुए, तुम, जिसकी बुनाहट पहचान में नहीं आती, जिसके व्यक्तित्व के ताने-बाने तार-तार होकर अलग हो गये हैं, तुम्हारे कहे जाने वाले कोई भी हो सकते हैं कि वह तुम कह रहे हो, मेरे राम! और चोर की बात सच लगती है, मन कितना बँटा हुआ है, मनचाही और अनचाही, दोनों तरह की हजार चीजों में। दूसरे कुछ पतितायें भी, पर अपने ही भीतर प्रतीति नहीं होती कि मैं किसी का हूँ या कोई मेरा है। पर दूसरी ओर यह भी सोचता हूँ क्या बार-बार विचित्र-से अनमनेपन में अकारण चिन्ता किसी के लिए होती है, वह चिन्ता क्या पराये के लिए होती है, वह क्या कुछ भी अपना नहीं है? फिर इस अनमनेपन में ही क्या राम अपनाने के लिए हाथ नहीं बढ़ाते आये हैं, क्या न-कुछ होना और न-कुछ बनाना ही अपनाने की उनकी बढ़ी हुई शर्त नहीं है?

तार टूट जाता है, मेरे राम का मुकुट भीग रहा है, यह भीतर से कहाँ पाऊँ? अपनी उदासी से ऐसा चिपकाव, अपने सँकरे-से दर्द से ऐसा रिश्ता, राम को अपना कहने के लिए केवल उनके लिए भरा हुआ हृदय कहाँ पाऊँ? मैं शब्दों के घने जंगलों में हिरा गया हूँ। जानता हूँ, इन्हीं जंगलों के आसपास किसी टेकड़ी पर राम की पर्णकुटी है, पर इन उलझाने वाले शब्दों के अलावा मेरे पास कोई राह नहीं। शायद सामने उपस्थित अपने ही मनोराज्य के युवराज, अपने बचे-खुचे स्नेह के पात्र, अपने भविष्यत् के संकट की चिन्ता में राम के निर्वासन का जो ध्यान आ जाता है, उनसे भी अधिक एक बिजली से जगमगाते शहर में एक पढ़ी-लिखी चन्द दिनों की मेहमान लड़की के एक रात कुछ देर से लौटने पर अकारण चिन्ता हो जाती है। उसमें सीता का खयाल आ जाता है, वह राम के मुकुट या सीता के सिन्दूर के भीगने की आशंका से जोड़े न जोड़े आज की दरिद्र अर्थहीन, उदासी को कुछ ऐसा अर्थ नहीं दे देता, जिससे जिन्दगी ऊब से कुछ उबर सके?

और इतने में पूरब से हल्की उजास आती है और शहर के इस शोर-भरे बियावान में चक्की के स्वर के साथ बढ़ती-उतरती जन्तसार गीति हल्की-सी सिहरन पैदा कर जाती है। 'मोरे राम के भीजै मुकुटवा' और अमचूर की तरह विश्वविद्यालयी जीवन की नीरसता में सूखा मन कुछ जरूर ऊपरी सतह पर ही सही, भीगता नहीं तो कुछ नम तो जरूर ही हो जाता है, और महीनों की उमड़ी-घुमड़ी उदासी बरसने-बरसने को आ जाती है। बरस न पाए, यह अलग

बात है (कुछ भीतर भाप हो, तब न बरसे), पर बरसने का यह भाव जिस ओर से आ रहा है, उधर राह होनी चाहिए। इतनी असंख्य कौसल्याओं के कण्ठ में बसी हुई जो एक अरूप ध्वनिमयी कौसल्या है। अपनी सृष्टि के संकट में उनके सतत् उत्कर्ष के लिए आकुल, उस कौसल्या की ओर, उस मानवीय संवेदना की ओर [illegible] राह है, घास के नीचे दबी हुई। पर उस घास की महिमा अपरम्पार [illegible] वन्य पशुओं का राजकीय संरक्षित क्षेत्र बनाया जा रहा है, नीचे [illegible] राह तो सैलानियों के घूमने के लिए, वन्य पशुओं के प्रदर्शन के लिए, फोटो खींचने वालों की चमकती छवि यात्राओं के लिए बहुत ही रमणीक स्थली बनायी जा रही है। उस राह पर तुलसी और उनके मानस के नाम पर बड़े-बड़े तमाशे होंगे, फुलझड़ियाँ दगेंगी, सैर-सपाटे होंगे, पर वह राह ढकी ही रह जायेगी। केवल चक्की का स्वर, श्रम का स्वर ढलती रात में, भीगती रात में अनसोये वात्सल्य का स्वर तलाशता रहेगा—किस ओर राम मुड़े होंगे, बारिश से बचने के लिए? किस ओर? किस ओर? बता दो सखी।

शब्दार्थ

वैश्विक [illegible] अर्थात जहाँ मन सम्पूर्ण संसार को अपने मे[illegible] **आत्मनिष्ठ** = व्यक्ति के स्व से आबद्ध; [illegible]ापन से बँधा हुआ; **बिम्ब** = किसी विचार, भाव या [illegible]ों के माध्यम से प्रस्तुत किया जाता है, बिम्ब कहते हैं।

कुबेरनाथ राय

परम्परा और शास्त्र के साथ लोकमत और लोकसंस्कृति को जोड़कर देखने वाले व्यक्तिव्यंजक निबन्धकार कुबेरनाथ राय का जन्म सन् 1935 में गाजीपुर के मत्सा नामक गाँव में हुआ। कुबेरनाथ राय शुरू से निबन्धकार हैं। 'प्रिया नील कंठी', 'कामधेनु', 'महाकवि की तर्जनी', 'किरात नदी में चन्द्र मधु तथा पर्णमुकुट', 'रस आखेटक', 'गन्धमादन', 'विषादयोग' आदि इनके प्रसिद्ध निबन्ध संग्रह हैं। अपनी किसी भी बात की प्रस्तुति के लिए व्यक्तिव्यंजकता का सहारा लेते हैं चाहे वह उत्तर प्रदेश के जनपदों की जातियों का लेखा प्रस्तुत कर रहे हों अथवा संस्कृति के स्वरूप का विशेषण। परम्परा व लोक शास्त्र को साथ लेकर चलते हैं और इसके लिए संस्कृत ग्रन्थों से उद्धरणों का चयन कहते हैं। प्रतीक एवं मिथकों की भी रचना करते चलते हैं क्योंकि लोकमत व लोकसंस्कृति को भी उपेक्षित नहीं होने देते। संस्कृति के साथ-साथ ग्रीस व यूनान के साहित्य, संस्कृति व विश्वासों के सन्दर्भों का भी चित्रण करते हैं। यद्यपि ये सन्दर्भ सामान्य पाठक को रोचक प्रतीत नहीं होते परन्तु कहीं-कहीं कथात्मकता का सहारा लेकर ये उन्हें रोचक बना डालते हैं। पाश्चात्य संस्कृति के मिथकों का सन्दर्भ भी प्रायः इनकी रचनाओं में आता है परन्तु नये जीवन सन्दर्भों में उनकी व्याख्या करते हैं। कहीं तो पाठक इन सन्दर्भों को सहजता से समझ लेता है और कहीं वह विस्मय से भर उठता है परन्तु फिर भी सहजता व रोचकता बनी रहती है। भारतीय सभ्यता एवं संस्कृति के प्रति अटूट आस्था रखते हैं अतएव भारतीय संस्कृति की व्याख्या करना उनका लक्ष्य जान पड़ता है। भारतीय जीवन सन्दर्भों की नये सिरे से व्याख्या भी कुबेरनाथ राय प्रायः अपने निबन्धों में करते हैं।

'शरद-बांसुरी और विपन्न मराल' में लेखक की रागात्मकता दृष्टिगोचर होती है। लेखक का मन परिवेश की रमणीयता पर मुग्ध है। संस्कृत साहित्य व भारतीय जीवन का व्यापक अध्ययन, प्रतीक विधान की प्रवृत्ति और जीवन के प्रति रागात्मक दृष्टिकोण इस निबन्ध की विशिष्टता है। निबन्धों की भाषा में

अंग्रेजी के शब्द व वाक्य भी आ जाते हैं। वाक्यों की रचना ग्रन्थों की अपेक्षा लम्बी है। भाषा तत्सम प्रधान है।

निबन्ध सार : महाकवि की तर्जनी

कुबेरनाथ राय ने प्रस्तुत निबन्ध में लोक और शास्त्र परम्परा तथा नवीनता को जोड़कर देखा है। संस्कृतनिष्ठ शब्दावली से यहाँ देवलोक का चित्र खींचा गया है। ऐसे में दो आत्माओं का वार्तालाप चल रहा है। वे दो आत्माएँ हैं—वाणी और सरस्वती।

दोनों के वार्तालाप का सार यही है कि देवी-देवताओं का प्रशस्तिगान बहुत हुआ अब मनुष्यों का और उनमें भी कर्मरत मनुष्य का गान करें। चूँकि वाणी भी निष्कर्म देवों का गान करते थक गयी है। अतः ऐसे मनुष्य का कीर्तिगान जिसके समक्ष ब्रह्माण्ड भी क्षुद्र हो जाये। कथा फिर शास्त्रों, महाकाव्यों में वर्णित कथाओं में चली जाती है। ये दोनों आत्माएँ अन्तरिक्ष में विचरण कर रही थी। दूसरा दृश्य तमसा-तट का है। क्रोंच पक्षी के जोड़े तथा ब्राह्मण के मुख से लोक-परलोक की व्याखा की गयी है। कविता में मानवीय पक्ष को यहाँ प्रमुखता से स्थापित किया गया है। यहाँ परम्परागत विचारों में से भविष्य का छन्द खोजने का प्रयास किया गया है। 'प्राचीन' व 'आदि' की व्याख्या 'जीर्ण' या 'बूढ़ा' न कहकर नयी अभिव्यक्ति में ढालने का प्रयास किया गया है। विश्व प्रसिद्ध महाकाव्य रामायण की रचना हेतु क्रौंच वध का पुनःपाठ कर उसकी लोकसम्मत व्याख्या की गयी है। उसी रचयिता ब्राह्मण की तर्जनी यहाँ 'काव्य' की रचना करती है। यहाँ से सत्, चित्, आनन्द की सर्जना होती है। इतिहास यहाँ विवरण मात्र रह जाता है, काव्य जैसी संवेदनात्मकता उसमें नहीं आ पाती। इसी क्षण इस ब्राह्मण के भीतर सरस्वती जगी थी और महाकाव्य की रचना हुई। उक्त दोनों आत्माओं के संवाद में एक बड़ा 'रहस्य-सूत्र' छिपा है।

महाकवि की तर्जनी

•

कुबेरनाथ राय

तब ब्रह्मा का दिन चल रहा था, पर जीवों की रात्रि थी। और वह थी त्रेतायुग की एक जीवरात्रि! वस्तुतः वह थी एक भगवती जीवरात्रि, जिसमें यह आश्चर्यजनक वार्तालाप घटित हुआ। कल्पना करो एक ऐसी रात्रि की, जो त्रिभुवन को आच्छादित किये है। ऊपर 'ऊर्ध्वमूलमधःशाखम्' की डाली-डाली पर हज़ार-हज़ार फूल फूटे हैं। आकाश की हर एक डाल गदरा उठी है आकाश-कुसुमों से नीचे सबकुछ स्तब्ध है। धरती शान्त है; गिरिपथ-वनपथ-नदीपथ सभी निःस्पन्द हैं; कीट-पतंगों का चीं-चीं स्वर, साँड़-भैसों की हुंकार तथा मनुज-वंश का अविराम-अश्रव्य गाली-गलौज या कपटी चाटुकारिता, यह सबकुछ बन्द हो गया है। पदचारी मानुष से लेकर पक्षधारी श्येन-सुपर्ण सभी सो रहे हैं। सभी गरी निद्रा में अवश हैं। सारी क्रियाएँ शान्त और विश्राम-स्तब्ध हैं। ऐसे में दो अनादि आत्माएँ परस्पर वार्तालाप कर रही हैं, परस्पर धीमे स्वर में, प्रेमालाप-जैसी शैली में...

"वाणी, सरस्वती!"

"..." (कोई उत्तर नहीं।)

"वाणी, मेरा कंठ विकल है। लगता है, मेरे माथे में कुछ नया खिलवाड़ कर रही हो। चारों मुखों से चारों वेदों का गान करने के बाद भी, लगता है कि कंठ में तुम्हारी किसी नयी भंगिमा का आवेश आ रहा है। मेरी इच्छा नये ढंग से गान रचने की हो रही है।"

"मैं थक गयी हूँ। हटो, तंग मत करो। सोने दो। इन्द्र-आदित्य-सोम का नाम लेते-लेते मैं ऊब गयी। इन निष्कर्मा भोगियों की अब और प्रशस्ति गाने से मैं रही। अकेले-अकेले गाओ न सृष्टि-कमल पर बैठकर। मना कौन करता है! पर मुझे तंग मत करो।"

"परन्तु देवी, मैं तो 'भाव' या 'अर्थ' ही दे सकता हूँ। उसे ध्वन्यात्मक रूप

'वाणी' या 'शब्द' देना, उसे एक संयोजन में उपस्थित करना यह सब तो तुम्हारे ही द्वारा सम्भव है।...अच्छा चलो, इस बार देवता का नहीं, किसी कर्मरत मनुज का ही गान किया जाये।"

"फूहड़-भदेस नाराशंसी गाथाएँ?...मैं नहीं गाती यजमानों की तारीफ़ के गीत। यह सब तो तुम्हारे मानस-पुत्रों, ऋषियों-महर्षियों की आमदनी का ज़रिया है। देखते नहीं हो, ये तुम्हारे जटाजूटधारी बेटे घी पी-पीकर कितने मोटे-कुन्दे होते जा रहे हैं!"

"मान जा मेरी वाणी, मेरी बन्नी। एक बार और नयी विधा के छन्द दो। मेरे माथे में रिन्-रिन् करके कुछ बज रहा है, उसे शब्द देकर मेरा चित्त हल्का और विमुक्त करो।"

"..." (पुनः कोई उत्तर नहीं।)

"देखो बन्नी, इस बार मैं एक ऐसे मनुष्य की कीर्ति का गान रचना चाहता हूँ, जिसके मन की विशालता के सम्मुख दवे-गण क्या, समस्त अन्तरिक्ष-मण्डल, सारा का सारा नील व्योम ही छोटा पड़ जाये, जिसकी गम्भीरता के सामने महासिन्धु एक गोष्पद-वारि-सा तुच्छ लगे, जिसकी धीरता के सामने विशाल कठोर हिमालय भी लज्जित हो जाये, सूर्य-चन्द्र जिसकी महिमा की आरती उतारें, ऐसे मनुष्य की कीर्ति का गान करने की इच्छा हो रही है। इस महानता का अर्जन मनुज करेगा दुःख और करुण के माध्यम से। दुःख, करुणा, क्षमा, धीरता, सत्साहस और सात्त्विक रोष के माध्यम से मैं एक मानव-चरित्र को छन्दोबद्ध करना चाहता हूँ। मेरे अन्दर का एक नया 'भाव' कुलबुला रहा है।"

"बहुत फुसला रहे हो! मैं नहीं आती तुम्हारी बातों में...छोड़ो, तंग मत करो!"

"ओह, मेरी प्रिया, मेरी तृषा-जल! यह मेरा नया भाव तुम्हारे सहयोग के बिना अव्यक्त ही रह जायेगा। तू मान जा मेरी वाणी, मेरी बन्नी! भविष्य तुम्हें इसी छन्द के कारण स्मरण करेगा। लेगा तुम्हारे पुराने सप्त छन्दों को भूल जायेंगे।"

फिर कुछ रुककर वही स्वर सुनने में आता है।

"देखो, सुनो इधर। कल, यमुना-गंगा के बीच जो छोटी-सी तमसा नदी बहती है, उसी के तट पर दो माया-क्रौंच उतरेंगे। उनका अंग मरकत-नील होगा, कंठ सुनहला नीलहरित, और आँखें पद्ममधु-जैसी पीताभ। ये क्रौंच और क्रौंची दोनों नदीतट की वृक्ष-शाखा पर बैठकर प्रणय-क्रीड़ा करेंगे। चलोगी कल इस अभिराम दृश्य को देखने? उनका पूर्वराग, मान-मनुहार, रति-संकेत, पिघलती बोली..."

"धत्! तुम्हीं जाना यह सब देखने।...पता नहीं, तुम्हें दिन पर दिन क्या होता जा रहा है!"

(प्रत्युत्तर में लज्जा का भाव।)

"वाह रे, मेरी स्वाति-जल, इतनी जल्दी भूल क्यों गयीं? तुम्हारा सृष्टि में प्रथम अवतरण क्या था? 'तुर्र-तुर्र तुत्-तुत् तुर...!' आदिम कारण-वारि के मध्य जब मैंने सृष्टि की रचना की, जीवों के कंठ से गिरा या ध्वनि के रूप में तुम्हें स्थापित किया, तो प्रथम तुम्हारी अभिव्यक्ति हुई पक्षियों के कंठ से ऋतु आने पर निकलते हुए काम-संकेत के रूप में। तुम्हीं तो पहले निकली थीं आदिम जलचर पक्षी के कंठ से 'तुर्र-तुर्र तुत्-तुत्' के रति-संकेत के रूप में। मनुष्य तो बाद में आया और बाद में आये तुम्हारे सोलहों स्वर और छत्तीस व्यंजनों के स्वर-ग्राम से निकलते हुए तालबद्ध श्लोक!"

"जो हो, मैं नहीं जाती तमसा-तट पर! और कोई काम नहीं है क्या? चले जाना अकेले।"

"तुर्र-तुर्र तुत्-तुत्"...पहले स्वर में चिढ़ाने का भाव था।...इस तरह निर्जन रात्रि में दो महिमामयी आत्माएँ प्रेमालाप करती हुई अन्तरिक्ष में विचरण कर रही थीं।

2

दूसरे दिन प्रातःकाल। तमसा-तट। उदुंबर की एक शाखा पर दो क्रौंच पक्षी बैठे हैं और परस्पर चोंच से चोंच, गरदन से गरदन मिला रहे हैं। ये पक्षी साधारण क्रौंचों-जैसे नहीं लगते। क्रौंच इतने सुन्दर, चित्र-विचित्र कहाँ होते हैं! ये नील-मराल हैं, या कश्यप समुद्र के नील-सुपर्ण हैं, या किरातों के पीत सागर के अनामा मरकत पाखी हैं, जो पीत सागर से इरावदी के स्रोत तक शरद और वसन्त का सन्देश बाँटते चलते हैं। शायद ये पक्षी नहीं हैं, कोई देवता-युग्म है, जो पक्षी-रूप धरकर मर्त्य-क्रीड़ा के लिए उतरा है। माणिक-वर्णी लाल चोंच, गरदन और डैने शुद्ध मरकत-नील, शेष अंग मुक्तावर्णी उज्ज्वल। ऐसे सुन्दर पक्षी तो कभी जनमे ही नहीं थे।...

इस प्रकार सोच रहा है एक ब्राह्मण, जो कुछ दूर पर बैठा है सावित्री का जप करने, और देख रहा है इस जोड़े को। जितना ही देखता है, उतना ही मुग्ध होता जाता है। वह ध्यान के लिए आँखें मूँदता है, तो यह काम-मोहित जोड़ा ही दिख जाता है। आज उसका सावित्री मन्त्र विफल है। चौबीस अक्षरों वाला छन्द आज रह-रहकर अटक जाता है। ठीक से वह जप नहीं पा रहा है।

उधर अद्भुत चोंच और पंखों वाले दोनों पक्षी परस्पर प्यार में रत हैं। शायद ये दोनों भटक गये थे, दोनों कई दिनों से बिछुड़े थे, कई दिनों तक नदी के आर-पार रहे। नदी एक पाश, एक नियति, एक अनिवार्य विरह-व्यथा बन गयी

और ये कई रात परस्पर बिछुड़े रहे। आज अचानक संयोगवश मरुद-गणों की कृपा से ये पुनः नदी की मझधार में एक-दूसरे के सम्मुख पड़ गये। आँखों की पहचान की पूर्णिमा उत्तर आयी और एक प्रेमालोकित मन के साथ ये लौट आये तट पर और उदुंबर शाखा पर बैठकर एक-दूसरे को प्यार करने लगे, एक-दूसरे की कुशल-क्षेम पूछने लगे।

ब्राह्मण को स्मरण आ रही है एक ऋचा–"जैसे दिवस-उदय की वेला में चक्रवाक एक-दूसरे की ओर तृषित-भाव से उड़ते आते हैं, वैसे ही हे भगवती उषा, हमारे निकट तुम आओ, वैसे ही हमारे निकट शत वर्षों तक आती रहो!"... ब्राह्मण के ओंठ 'ओऽम् तत्सवितुर्वरेण्यम्...' बुदबुदा रहे हैं और मन पढ़ रहा है प्रणय का उपनिषद्। हाथ की उँगलियाँ एक ही रुद्राक्ष पर स्तब्ध हो गयी हैं। जप वहीं रुक गया है।

नदी के तट पर एक तगर गाछ है। अचानक उसकी शाखा का एक फूल फूटता है, चारों ओर सुगन्ध फैल जाती है और उस फूल को चारों ओर से चारों भुजाओं में वेष्टित करता हुआ एक मलय-पवन का झकोरा उपस्थित हो जाता है और फूल के कानों में कहता–'तुर्र-तुर्र, तुत्-तुत्!'

"जुट आये न यहाँ पर भी? बेमतलब पवन-वेग से पीछे-पीछे भागते आये!"

"तो तुमने क्या समझा था कि तुम फूलों में छिपी रह जाओगी–तुम जो मेरे ही हृदय की एक साँस हो! क्यों मेरी बन्नी, मेरी वाणी, तुम तो क्रौंच-मिथुन को देखने वाली नहीं थीं? तुमने तो कहा था कि तुम्हें इस समय उषा-स्तवन करते हुए सरस्वती-तट के ब्राह्मणों के कंठों में रहना होगा, अथवा गंगा-सरयू की वारिधारा में सूर्य को अर्घ्य देती हुई असंख्य प्रजाओं की प्रार्थना में; अथवा गोदावरी-कृष्णा के तट पर ध्यानयोग में लीन मुनियों के मानस में तुम संचरण करोगी और तुम्हारे पग-नूपुरों के द्वारा ध्यान तरंगायित होकर कविता बन जायेगा। यहाँ आकर मामूली पक्षी-प्रणय जैसे भदेस ग्राम्य दृश्य को देखने की फ़ुरसत और अभिरुचि दोनों का तुम्हारे पास घोर अभाव था। परन्तु मुझसे पहले ही आकर इस तगर की नन्ही डाल पर खिल गयीं! और मुझसे कह रही हो, बेमतलब जुट आया मैं!"

"क्यों? तुमने ही तो कहा था कि मैं कोई नया छन्द दूँ, जिसमें तुम आजन्म दुःखी मर्त्य-मानवों का काव्य रचोगे।...ठीक है। परन्तु इस बार छन्द और काव्य दोनों मानवीय ही रहेंगे। मनुष्य के द्वारा मनुष्य की कीर्ति का गान। तुम देखोगे कि तुम्हारी अपौरुषेय कविता से मानवीय कविता सुन्दरतर ही होगी।"

"देवी, क्रियाशक्ति तो तुम्हीं हो! तुम काठ-पत्थर में प्रवेश कर जाओ, तो वह

भी एक प्रजापति, एक स्रष्टा बन जायेगा। मनुष्य की तो कोई बात नहीं। मनुष्य तो देवता का ही मर्त्य संस्करण है।" सुवासित पवन के भीतर से उतर आया।

"देखो, तब जल्दी करो। वह जो सामने व्याध आ रहा है, काला-कुरूप, माथे पर मोरपंख खोंसे, कटि में शंख-कौड़ियों की माला पहने—जाओ जल्दी करो, उस निषाद-पुरुष में प्रवेश कर जाओ। और मैं प्रविष्ट हो रही हूँ उस गायत्री जपते हुए ब्राह्मण के कंठ में। मैंने जान-बूझकर उसमें उच्चाटन स्थापित कर दिया है। उसका मन्त्र विकल है। इस विकलता के मध्य मैं करुणा का प्रवेश कराकर नये ढंग का श्लोक उस ब्राह्मण के कंठ से उत्पन्न करूँगी। जाओ, जाओ, जल्दी करो। अन्यथा निषाद आगे बढ़ जायेगा और उसकी नज़र ब्राह्मण देवता पर पड़ जायेगी। तब वह भक्ति से प्रणाम करके दूर अपसरित हो जायेगा। जाओ, तुम लोभ बनकर उसकी इच्छा में उदित होओ, तुम निर्ममता बनकर उसके हृदय में प्रतिष्ठित हो जाओ, तुम उत्तेजना बनकर उसके स्नायु और भुजाओं में प्रवेश करो, तुम वेग बनकर उसके धूर्त बाण में धावमान हो जाओ, जिससे वह काम-मोहित क्रौंचों के जोड़े में से एक को विद्ध कर दे और निर्जीव लोथ फड़फड़ाती हुई सामने ज़मीन पर आ गिरे!"

"और तब?"

"तब मैं ब्राह्मण के कंठ में प्रवेश करके क्रोध और करुणा विमिश्रित एक श्लोक उच्चरित कर दूँगी, भविष्य की कविता का नया छन्द।...फिर कुछ देर बाद तुम भी ठाट-बाट से अपने हंसयान पर सवार होकर जाना—चाहे प्रत्यक्ष अथवा उसके ध्यानलोक में अवतरण करके—और माथे में जो कुछ भाव-विभाव या ज्वर-प्रलाप हो, जो तुम्हें कल रात से विकल किये है, उसे बताकर अपना माथा हल्का कर लेना! मैं उसे पर्याप्त बुद्धि दूँगी, जिससे तुम्हारी सुनाई बात को वह काव्य में परिवर्तित कर सके।...अरे हाँ, एक बात और सुन लो। तुम्हारे इस नित्य-किशोर और भुवन-मोहन रूप से काम नहीं चलेगा। चेहरे पर बुढ़ापे का रंग मल लेना। अन्यथा तुम्हें कोई विधाता के रूप में पहचानेगा ही नहीं। मर्त्यलोक जो ठहरा! वहाँ प्रत्येक चिरकालीन 'प्राचीन' या 'आदि' का अर्थ 'जीर्ण' और 'बूढ़ा' ही लगाया जाता है। मनुज बहुत दिन द्रष्टा ही रहा। अब उसे स्वयं कवि होने दो, स्वयं स्रष्टा होने का सुख लेने दो!"

"समझ तो गया देवी! पर ईर्ष्या हो रही है उस अधेड़ ब्राह्मण से। मैंने चारों दिशाओं में, जिधर भी तुम मानपूर्वक मुँह मोड़ लो, तुम्हें देखने के लिए चार-चार चेहरे धारण कर लिए, आठ-आठ आँखें बना लीं, तुम्हारी मनुहार के लिए चार मुखों की झंझट उठाई। और तुम मेरी भूमिका में उतारोगी उस मर्त्य ब्राह्मण को!

औरों की मधुमती भूमिका में मान-मनुहार का आस्वादन लेने की इच्छा तुम्हें भी हो रही है!"

"अच्छा, यही मान लो। पर क्या स्मरण नहीं आता, पहचानते नहीं, यह शापभ्रष्ट ब्राह्मण है कौन? यह तुम्हारा ही तो भू-पतित अंश है। प्रत्येक कवि ही अब शापभ्रष्ट ब्रह्मा होगा! और उसमें मैं स्थित होऊँगी 'शब्द' बनकर और तुम रहोगे 'अर्थ' बनकर। हम और तुम अपनी कालसन्ध्या के आगमन तक इस तरह सहस्र-सहस्र रूप धारण कर खेला करेंगे!"

यह कहते-कहते वह तगर का फूल धरती पर झड़ पड़ा और वह मलय-पवन भी सरसराता हुआ एक ओर निकल गया।

3

तत्पश्चात् क्या हुआ, इसे सभी जानते हैं। शोक से आर्त्त और कुपित होकर ब्राह्मण ने उक्त निषाद को शाप दे डाला—"मा निषाद प्रतिष्ठां त्वं..." इत्यादि कहकर। अवश्य 'निषाद' से उस ब्राह्मण का तात्पर्य किसी जाति या नस्ल से नहीं था, बल्कि शील और आचार से था। ब्राह्मणों की पुरानी भाषा में 'निषाद' और 'आर्य' शब्द जातिवाचक नहीं, शीलवाचक थे, यद्यपि बाद के ब्राह्मणों ने स्वार्थवश शील की बात को पृष्ठभूमि में कर दिया। उस ब्राह्मण का धिक्कार-वाक्य या तो उस निषाद-विशेष के लिए व्यक्तिगत तौर पर था, अथवा उन सबके लिए था जो इस प्रकार के क्रूर कर्म भविष्य में करेंगे।

यों इस घटना से मर्माहत तो सभी हुए थे। निसर्ग के हृदय में घाव हो गया था, नदी की रक्तस्नात धारा अशुचि होकर ठिठक गयी थी, मरुत विकल-प्राण हो उठे थे, क्रूर श्वापदों ने शरम से माथा झुका लिया था और विषधर सर्प उदास होकर अपनी बाम्बियों में लौट आये थे। इस तरह, अनुभव तो सभी ने किया था। परन्तु छन्द निकला केवल मानव-कंठ से। क्योंकि शब्द-वैखरी का आशीर्वाद मात्र मनुष्य को ही प्राप्त है।

बेचारा निषाद उस ब्राह्मण के पैरों पर छपक-छपककर गिर रहा था—"महाराज, बड़ी गलती हुई। 'छिमा' कर दो। मैं कल सात मधुचाक और कृष्णसार-मांस दक्षिणा में दे जाऊँगा! मान जाओ 'बाभन' देवता।"

पर ब्राह्मण अडिग रहा—"काम-मोहित दो जीवों का वध करने पर भी तुम प्रेय और श्रेय के अधिकारी रहोगे? यह असम्भव है।"

बड़ी अनुनय-विनय करने पर भी जब ब्राह्मण देवता नहीं माने, तो निषाद ने तमककर कहा, अथवा निषाद के अन्दर नियति के कर्ता-धर्ता ब्रह्मा ही बोले—"ऐ

पण्डित महाराज, क्यों कुपित होते हो? ज़रा मुझे पहचानो कि मैं कौन हूँ। मैं हूँ 'इतिहास'। नियति के निर्देश पर मारना ही मेरा काम है।" यह कहकर निषाद खड़ा हो गया, उसकी वपु विस्तीर्ण होने लगी और लगा कि उसका माथा आसमान ठेक जायेगा।

पर वह ब्राह्मण भी बड़ा ही दबंग निकला। उसकी तर्जनी उसी तरह उठी रही और वह भी निर्भय बोला, अथवा यों कहो कि उसके भीतर की सरस्वती बोली—"तो तुम भी सुन लो। यदि तुम 'इतिहास' हो तो मैं हूँ 'काव्य'! हम और तुम दोनों सतीर्थ हैं। पर जब तुम विवेकभ्रष्ट होते हो, राज्यलिप्सा के नाम पर हज़ार-हज़ार मुंडपात करवाते हो, अर्थलोभ के कारण धरित्री का सारा दान, सारा घृत और मधु चाबियों से ऐंठकर ताले में बन्द कर देते हो, शुद्ध काम-लालसा को सभ्यता-संस्कृति कहकर चलाने लगते हो, तो मेरी तर्जनी बिना उठे मानती नहीं, मेरा कंठ एक क्रुद्ध श्लोक बोलने को विकल हो जाता है।...तुमने अपना बल प्रदर्शित कर दिया अपना आकाश-व्यापी विस्तार दिखाकर। अब मेरा भी बल देखो! वह क्षुद्र चिड़िया जिसे तुमने मार डाला है, अवतरित हो रही है पुनः—सरस्वती का नया वाहन बनकर, चिरकाल-व्यापी छन्द बनकर, काव्य बनकर, मनुष्य की गरिमा का रथ बनकर। देखो, वही मरी चिड़िया पुनः अवतरित हो रही है। यह मरी चिड़िया मनुष्य को सत्, चित् और आनन्द का बोध देगी अपने नये छान्दस रूपान्तर में। और तब तुम्हारे धनुष-बाण, तुम्हारी चाबुकें, तुम्हारी तिजोरी में बन्द सोने-चाँदी करुण स्वर में रोने लगेंगे, इस मरी चिड़िया की नयी महिमा को देखकर।"

मैंने देखा कि इतिहास अपने सम्पूर्ण अर्थशास्त्र-राजनीति-कूटनीति के बावजूद मारे शरम के पुनः सिमटकर छोटा हो गया, पुनः उसके चेहरे का रंग काला हो गया और उधर आसमान के नील ऊर्ध्व से उत्तर-काल की सरस्वती का वाहन नीचे उतरा। वही क्रौंच, वैसी ही देह, वही डैने, वही चंचु। परन्तु इस बार रंग शुद्धतः श्वेत था। गोया मृत्यु की नदी में स्नान करके उसका कामलोभी मरकत-वर्ण धुल गया हो और वह निरंजन श्वेत बन उठा हो। मुझे लगा कि मैं बीसवीं शती का एक मामूली मृदंग-वादक अपनी नीरस गद्य-मृदंग को लेकर कालनदी के कई हज़ार वर्ष पुराने घाट पर पहुँच गया हूँ और इस वाङ्मनस-अगोचर सम्बन्ध को सुन रहा हूँ। वह मरा हुआ पक्षी उत्तर-काव्य का वाहन बनकर लौट आया और इस प्रकार बोला—"बन्धु, मैं लौट आया हूँ शब्द बनकर, भाव बनकर। मैं अपने कल-कूजन द्वारा तुम्हारे अन्दर असंख्य वर्षा-शरद और असंख्य वसन्तों की रचना करता रहूँगा।"

मैं कैसे वहाँ पहुँचा, क्यों वहाँ पहुँचा, इस अद्भुत दृष्टिकल्प का रहस्य-सूत्र

सबको बताने की बात नहीं।...तब तक वह ब्राह्मण माथे पर ओंकार धारण करके प्रजापति का रूप ले चुका था, जिसके भीतर 'स्वलक्षणा प्रादुर्भूत सरस्वती' जग उठी थी।

शब्दार्थ

तर्जनी = अँगूठे के साथ वाली अँगुली, दिशा-निर्देश तथा विचार की प्रतीक; **त्रिभुवन** = तीनों भवन, स्वर्ग, धरा, पाताल; **गदरा** = खिलना; **गिरिपथ** = पर्वत का रास्ता; **पदचारी** = पैरों से चलने वाला; **भंगिमा** = चेहरे के भाव; **प्रशस्ति** = प्रशंसा; **निष्कर्या** = निकम्मे; **भदेस** = भद्दा; रोष-गुस्सा; **रति-संकेत** = प्रेम के संकेत; **क्रीड़ा** = खेल; **अपौरुषेय** = संघर्ष से हीन; **व्याध** = शिकारी; **स्नायु** = नसें; **जीर्ण** = पुराना; **निषाद** = जाति विशेष; **चिरकाल** = बहुत समय तक।

हरिशंकर परसाई

हिन्दी के सर्वश्रेष्ठ व्यंग्यकारों में हरिशंकर परसाई जी का नाम अग्रणी है। हिन्दी साहित्य में वे एक सशक्त, पैने व्यंग्यकार, कहानीकार के रूप में जाने जाते हैं। इनका जन्म 22 अगस्त 1924 को मध्य प्रदेश के ग्राम 'जमानी' में हुआ था। परसाई जी ने जब लेखन कार्य आरम्भ किया तब व्यंग्य की कोई सोद्देश्य, गम्भीर, स्वतन्त्र परम्परा हिन्दी साहित्य में उपलब्ध नहीं थी। अपने दम पर 'व्यंग्य' को हिन्दी साहित्य में प्रतिष्ठित कर 'हिन्दी व्यंग्य' को नया रूप प्रदान करने की दृष्टि से परसाई जी का नाम विशेष रूप से उल्लेखनीय है। जीवन जगत की परिस्थितियों ने उन्हें एक गम्भीर व्यंग्य लेखक बनने की प्रेरणा दी। जबलपुर में उन्होंने 'वसुधा' पत्रिका निकाली जो साहित्य-जगत में काफी सराही गयी। महत्त्वपूर्ण साहित्यिक योगदान के लिए उन्हें अनेक पुरस्कारों से भी सम्मानित किया गया। परसाई जी का रचना फलक अत्यन्त व्यापक है। उनकी प्रमुख रचनाएँ हैं :

कहानी संग्रह : 'हँसते हैं, रोते हैं', 'जैसे उनके दिन फिरे'।

उपन्यास : 'रानी नागफनी की कहानी', 'तट की खोज'।

निबन्ध संग्रह : 'तब की बात और थी', 'भूत के पाँव पीछे', 'बेईमानी की परत', 'पगडंडियों का जमाना', 'सदाचार का तावीज़', 'शिकायत मुझे भी है', 'और अन्त में'।

व्यंग्य संग्रह : 'वैष्णव की फिसलन', 'तिरछी रेखाएँ', 'ठिठुरता हुआ गणतन्त्र', 'विकलांग श्रद्धा का दौर', 'मेरी श्रेष्ठ रचनाएँ'।

हिन्दी के बहुत से साहित्यकारों से भिन्न हरिशंकर परसाई केवल 'गद्य लेखक' के रूप में ही जाने जाते हैं। वे एक जागरूक एवं प्रगतिशील साहित्यकार हैं। समकालीन समाज के महत्त्वपूर्ण आलोचक के रूप में जीवन से साक्षात्कार करते हुए विसंगतियों पर कटु प्रहार करना उनके लेखन की विशेषता है। उनके अनुसार—"मैं इसलिए लिखना चाहता हूँ कि व्यक्ति और

समाज आत्मसाक्षात्कार, आत्मलोचन करे और अपनी कमजोरियों, बुराइयों, विसंगतियों, विवेकहीनता और न्यायहीनता को त्यागकर जैसा वह है, उससे बेहतर बने। अन्धविश्वासों, रूढ़ियों, झूठी मान्यताओं, अवैज्ञानिक आग्रहों से मुक्त हो।" स्वतन्त्रता प्राप्ति के पश्चात की सामाजिक-राजनीतिक अव्यवस्था, नौकरशाही, अवसरवादिता, मूल्यहीनता को आधार बनाकर उन्होंने सोद्देश्यपूर्ण साहित्य की रचना की है।

व्यंग्य परसाई जी का अमोघ अस्त्र है। विसंगतियाँ, विद्रूपताएँ उनके व्यंग्यकार को उत्तेजित कर सामाजिक न्याय प्राप्ति की ओर उन्हें प्रेरित करती हैं। शासन की अव्यवस्था, ढुलमुल सरकारी नीतियाँ, शोषण, भ्रष्टाचार, राजनीतिक दलों का बढ़ता दबाव और अपकर्मों में लिप्तता पर उन्होंने तीखे व्यंग्य किये हैं। भारतीय जनता की पीड़ा, त्रास और शोषण व उनके विरुद्ध रचे जा रहे षड्यन्त्रों से अवगत कराना, उनमें चेतना जाग्रत करने के प्रति वे वचनबद्ध हैं। 'भोलाराम का जीव', 'सदाचार का तावीज़', 'विकलांग श्रद्धा का दौर' इस दृष्टि से उनकी सुप्रसिद्ध रचनाएँ हैं। गम्भीर तीव्र व्यंग्यात्मक लेखों में उनका साहस देखते ही बनता है। उनके कहानी, उपन्यास, निबन्ध साहित्य में भी इसी प्रकार की विशिष्टता देखी जा सकती है। कदाचित् इसीलिए उन्हें 'कबीर की परम्परा का लेखक' माना जाता है।

परसाई जी मानवीय सरोकारों से सीधे जुड़े हुए साहित्यकार हैं। व्यक्तित्व के विघटन के साथ-साथ पतनशील सामाजिक व्यवस्था, विघटित जीवन-मूल्यों पर वे तीखे व्यंग्य करते हैं। पाखंड, मिथ्याचार, दोहरे व्यक्तित्व का पर्दाफाश करने में उनके तीखे तेवर, सपाटबयानी, कटु व्यंग्य कर तिलमिलाने को विवश कर देने वाले लेख हरिशंकर परसाई को अन्य साहित्यकारों, व्यंग्यकारों से श्रेष्ट बनाते हैं। उनकी शैली में वैविध्य है। प्रभावोत्पादकता उनकी भाषा-शैली की विशिष्टता है। उनकी भाषा लोकजीवन की भाषा है। सहज आत्मीय सम्भाषण करते हुए अपने अनुभवों के आधार पर वस्तुस्थिति का ऐसा व्यंग्य चित्र प्रस्तुत कर देते हैं कि पाठक सहज ही उससे तादात्म्य स्थापित कर लेते हैं। 'गद्य का ठेठपन' उनकी प्रत्येक रचना में है जिससे उनकी रचनाएँ विशिष्ट बन पड़ती हैं। अपने व्यंग्यों को अधिक जागरूक, समर्थ, प्रभावशाली बनाने के लिए उन्होंने विदेशी व्यंग्यकारों की शैली का गहन अध्ययन किया। परिणामतः परसाई जी के साहित्य में प्रस्तुति के ढंग, कथ्य के पैनेपन व प्रभावोत्पादक सटीक शब्द चयन में वैसी ही विशेषता पाई जाती है। सहज, रोचक सम्प्रेषणीयता द्वारा वे जटिल विषय पर भी पाठकों से आत्मीय सम्बन्ध स्थापित करने में कुशल हैं।

निबन्ध सार : विकलांग श्रद्धा का दौर

'विकलांग श्रद्धा का दौर' व्यंग्य संग्रह में संकलित प्रस्तुत व्यंग्य परसाई जी का एक सामाजिक-राजनीतिक व्यंग्य है। इस समय तक उनकी व्यंग्य दृष्टि का अद्‌भुत विकास हो चुका था। रचना के कथ्य से लेकर व्यक्त की जाने वाली भाषा तक परिपक्वता एवं प्रौढ़ता इस व्यंग्य की प्रमुख विशेषता है। श्रद्धेय बनने की कामना जन्मजात रूप में हम सभी में विद्यमान रहती है। दूसरों से श्रेष्ठ बन अपने विशिष्ट गुणों को महिमामंडित करवाने की इसी इच्छा पर लेखक ने व्यंग्य किया है। श्रद्धेय बनने का सामान्य अर्थ है—दूसरों से विशिष्ट बन जाना, विशेष आदर सत्कार पाने का अधिकारी बन जाना। आधुनिक युग में बढ़ती अवसरवादिता-चाटुकारिता के फलस्वरूप श्रद्धेय के अर्थ में भी परिवर्तन हो गया है। नये सामाजिक ढाँचे में श्रद्धेय बनना सामाजिक प्रतिष्ठा, प्रभुत्व सम्पन्नता, वैभव प्रदर्शन की पराकाष्ठा को दर्शाता है। वास्तविकता यह है कि भ्रष्ट समाज में, आधुनिक जीवन-शैली के परिणामस्वरूप श्रद्धेय लोगों का अभाव है जो सही अर्थों में अपने गुणों से दूसरों को चमत्कृत कर श्रद्धेय बन सकें। ऐसी विषम परिस्थितियों में लेखक ने श्रद्धेय पात्र बनने की ललक, श्रद्धेय अभिलाषियों की मनःस्थिति, उनकी दयनीयता का बखान किया है। श्रद्धेय पात्र में श्रद्धाजन्य गुणों के अभाव में उसके प्रति श्रद्धा का भाव प्रदर्शन व्यंग्यकार की दृष्टि में विकलांग श्रद्धा के दौर का सूचक है। यह वास्तव में शून्यता का प्रतीक है जो सामाजिक-राजनीतिक परिवेश में व्याप्त भ्रष्टता, अनाचार, मूल्यहीनता का परिणाम है।

विकलांग श्रद्धा का स्वरूप, उसकी भयावहता पर प्रकाश डालते हुए परसाई जी शिक्षा क्षेत्र की विसंगतियों, हिन्दी लेखकों पर व्यंग्य करने से नहीं चूकते। श्रद्धेय बनने के लिए प्रयोग में लाये जाने वाले हथकण्डों, दाँवपेंचों का उल्लेख करते हुए वे श्रद्धेय पात्र न बन सकने की पीड़ा, कसक को भी व्यंग्य द्वारा सुन्दर ढंग से प्रस्तुत कर देते हैं। श्रद्धेय पात्र बनने से वंचित रहने पर उपजी हीन भावना और श्रद्धा ग्रहण करने की विधियाँ देखने में भले ही सहज लगें पर देश की दयनीय स्थिति व समाज के पतनोन्मुख होने पर तीखा प्रहार करती हैं।

अन्त में लेखक निष्कर्ष रूप में श्रद्धालुओं की भी परिभाषा नये अर्थ में गढ़ते हैं। उनके अनुसार जो सब कुछ हो जाने दे, श्रद्धा भाव रखने का दिखावा करते हुए अपने स्वार्थों की पूर्ति में संलिप्त रहनेवाला ही आज सच्चा श्रद्धालु है। विरोध करने में असमर्थता, कातरता, दयनीयता उसके विशेष गुण हैं। अपने श्रद्धेय पात्र में विशिष्ट गुणों के लुप्त होने पर भी उसका अन्धानुसरण करना

उसकी विडम्बना है। इसके माध्यम से प्रतीकार्थ रूप में परसाई जी जनता की शोषण प्रक्रिया पर कटु व्यंग्य करते हैं। समाधान रूप में जनक्रान्ति का सन्देश भी पाठकों को देते हैं जो उन्हें वस्तुस्थिति से परिचित कराता हुआ कुछ सोचने को विवश करता है, अन्याय के विरुद्ध खड़े होने, आवाज उठाने का साहस पैदा करता है। भाषा सरल होते हुए प्रभावपूर्ण है। तीखे व्यंग्य करने में सार्थक सटीक शब्दों का प्रयोग किया गया है। अपने व्यंग्यों द्वारा जनक्रान्ति, जनचेतना जाग्रत करने के महत् उद्देश्य में परसाई पूरी तरह सफल हुए हैं।

विकलांग श्रद्धा का दौर

•

हरिशंकर परसाई

अभी-अभी एक आदमी मेरे चरण छूकर गया है। मैं बड़ी तेजी से श्रद्धेय हो रहा हूँ, जैसे कोई चलतू औरत शादी के बाद बड़ी फुर्ती से पतिव्रता होने लगती है। यह हरकत मेरे साथ पिछले कुछ महीनों से हो रही है कि जब-तब कोई मेरे चरण छू लेता है। पहले ऐसा नहीं होता था। हाँ, एक बार हुआ था, पर वह मामला वहीं रफा-दफा हो गया। कई साल पहले एक साहित्यिक समारोह में मेरी उम्र के एक सज्जन ने सबके सामने मेरे चरण छू लिए। वैसे चरण छूना अश्लील कृत्य की तरह अकेले में ही किया जाता है। पर वह सज्जन सार्वजनिक रूप से कर बैठे, तो मैंने आसपास खड़े लोगों की तरफ गर्व से देखा—तिलचट्टो, देखो मैं श्रद्धेय हो गया। तुम घिसते रहो कलम।...पर तभी उस श्रद्धालु ने मेरा पानी उतार दिया। उसने कहा, 'अपना तो नियम है कि गौ, ब्राह्मण, कन्या के चरण जरूर छूते हैं।' यानी उसने मुझे बड़ा लेखक नहीं माना था। बम्हन माना था।

श्रद्धेय बनने की मेरी इच्छा तभी मर गयी थी। फिर मैंने श्रद्धेयों की दुर्गति भी देखी। मेरा एक साथी पीएच. डी. के लिए रिसर्च कर रहा था। डॉक्टरेट अध्ययन और ज्ञान से नहीं, आचार्य-कृपा से मिलती है। आचार्यों की कृपा से इतने 'डॉक्टर' हो गये हैं कि बच्चे खेल-खेल में पत्थर फेंकते हैं तो किसी डॉक्टर को लगता है। एक बार चौराहे पर यहाँ पथराव हो गया। पाँच घायल अस्पताल में भर्ती हुए और वे पाँचों हिन्दी के 'डॉक्टर' थे। नर्स अपने अस्पताल के डॉक्टर को पुकारती : 'डॉक्टर साहब', तो बोल पड़ते थे ये हिन्दी के डॉक्टर।

मैंने खुद कुछ लोगों के चरण छूने के बहाने उनकी टाँग खींची है। लँगोटी धोने के बहाने लँगोटी चुराई है। श्रद्धेय बनने की भयावहता मैं

समझ गया था। वरना मैं समर्थ हूँ। अपने आपको कभी का श्रद्धेय बना लेता। मेरे ही शहर में कॉलेज के एक अध्यापक थे। उन्होंने अपने नेमप्लेट पर खुद ही 'आचार्य' लिखवा लिया था। मैं तभी समझ गया था कि इस फूहड़पन में महानता के लक्षण हैं। आचार्य बम्बईवासी हुए और वहाँ उन्होंने अपने को 'भगवान रजनीश' बना डाला। आजकल वह फूहड़ से शुरू करके मान्यता-प्राप्त भगवान हैं। मैं भी अगर नेमप्लेट में नाम के आगे 'पण्डित' लिखवा लेता तो कभी का 'पण्डितजी' कहलाने लगता।

सोचता हूँ, लोग मेरे चरण अब क्यों छूने लगे हैं? यह श्रद्धा एकाएक कैसे पैदा हो गयी? पिछले महीनों में मैंने ऐसा क्या कर डाला? कोई खास लिखा नहीं है। कोई साधना नहीं की। समाज का कोई कल्याण भी नहीं किया। दाढ़ी नहीं बढ़ाई। भगवा भी नहीं पहना। बुजुर्गी भी कोई नहीं आयी। लोग कहते हैं, ये वयोवृद्ध हैं। और चरण छू लेते हैं। वे अगर कमीने हुए तो उनके कमीनेपन की उम्र भी साठ-सत्तर साल की हुई। लोग वयोवृद्ध कमीनेपन के भी चरण छू लेते हैं। मेरा कमीनापन अभी श्रद्धा के लायक नहीं हुआ है। इस एक साल में मेरी एक ही तपस्या है—टाँग तोड़कर अस्पताल में पड़ा रहा हूँ। हड्डी जुड़ने के बाद भी दर्द के कारण टाँग फुर्ती से समेट नहीं सकता। लोग मेरी इस मजबूरी का नाजायज फायदा उठाकर झट मेरे चरण छू लेते हैं। फिर आराम के लिए मैं तख्त पर लेटा ही ज्यादा मिलता हूँ। तख्त ऐसा पवित्र आसन है कि उस पर लेटे दुरात्मा के भी चरण छूने की प्रेरणा होती है।

क्या मेरी टूटी टाँग में से दर्द की तरह श्रद्धा पैदा हो गयी है? तो यह विकलांग श्रद्धा है। जानता हूँ, देश में जो मौसम चल रहा है, उसमें श्रद्धा की टाँग टूट चुकी है। तभी मुझे भी यह विकलांग श्रद्धा दी जा रही है। लोग सोचते होंगे—इसकी टाँग टूट गयी है। यह असमर्थ हो गया। दयनीय है। आओ, इसे हम श्रद्धा दे दें।

हाँ, बीमारी में से श्रद्धा कभी-कभी निकलती है। साहित्य और समाज के एक सेवक से मिलने मैं एक मित्र के साथ गया था। जब वह उठे तब उस मित्र ने उनके चरण छू लिए। बाहर आकर मैंने मित्र से कहा, 'यार, तुम उनके चरण क्यों छूने लगे?' मित्र ने कहा, 'तुम्हें पता नहीं है, उन्हें डायबटीज हो गया है।' अब टायबटीज श्रद्धा पैदा करे, तो टूटी टाँग भी कर सकती है। इसमें कुछ अटपटा नहीं है। लोग बीमारी से कौन फायदे नहीं उठाते। मेरे एक मित्र बीमार पड़े थे। जैसे ही कोई स्त्री उन्हें देखने

आती, वह सिर पकड़कर कराहने लगते। स्त्री पूछती, 'क्या सिर में दर्द है?' वे कहते, 'हाँ, सिर फटा पड़ता है।' स्त्री सहज ही उनका सिर दबा देती। उनकी पत्नी ने ताड़ लिया। कहने लगी, 'क्योंजी, जब कोई स्त्री तुम्हें देखने आती है तभी तुम्हारा सिर क्यों दुखने लगता है?' उसने जवाब भी माकूल दिया। कहा, 'तुम्हारे प्रति मेरी इतनी निष्ठा है कि परस्त्री को देखकर मेरा सिर दुखने लगता है। जान प्रीत-रस इतनेहु माहीं।'

श्रद्धा ग्रहण करने की भी एक विधि होती है। मुझसे सहज ढंग से अभी श्रद्धा ग्रहण नहीं होती। अटपटा जाता हूँ। अभी 'पार्ट टाइम' श्रद्धेय ही हूँ। कल दो आदमी आये। वे बात करके जब उठे तब एक ने मेरे चरण छूने को हाथ बढ़ाया। हम दोनों ही नौसिखुए। उसे चरण छूने का अभ्यास नहीं था, मुझे छुआने का। जैसा भी बना उसने चरण छू लिए। पर दूसरा आदमी दुविधा में था। वह तय नहीं कर पा रहा था कि मेरे चरण छुए या नहीं। मैं भिखारी की तरह उसे देख रहा था। वह थोड़ा-सा झुका। मेरी आशा उठी। पर वह फिर सीधा हो गया। मैं बुझ गया। उसने फिर जी कड़ा करके कोशिश की। थोड़ा झुका। मेरे पाँवों में फड़कन उठी। फिर वह असफल रहा। वह नमस्ते करके ही चला गया। उसने अपने साथी से कहा होगा—तुम भी यार, कैसे टुच्चों के चरण छूते हो। मेरे श्रद्धालु ने जवाब दिया होगा—काम निकालने को उल्लुओं से ऐसा ही किया जाता है। इधर मुझे दिन-भर ग्लानि रही। मैं हीनता से पीड़ित रहा। उसने मुझे श्रद्धा के लायक नहीं समझा। ग्लानि शाम को मिटी जब एक कवि ने मेरे चरण छुए। उस समय मेरे एक मित्र बैठे थे। चरण छूने के बाद उसने मित्र से कहा, 'मैंने साहित्य में जो कुछ सीखा है, परसाईजी से।' मुझे मालूम है, वह कवि सम्मेलनों में हूट होता है। मेरी सीख का क्या यही नतीजा है? मुझे शर्म से अपने आपको जूता मार लेना था। पर मैं खुश था। उसने मेरे चरण छू लिए थे।

अभी कच्चा हूँ। पीछे पड़नेवाले तो पतिव्रता को भी छिनाल बना देते हैं। मेरे वे श्रद्धालु मुझे पक्का श्रद्धेय बनाने पर तुले हैं। पक्के सिद्ध-श्रद्धेय मैंने देखे हैं। सिद्ध मकरध्वज होते हैं। उनकी बनावट ही अलग होती है। चेहरा, आँखें खींचनेवाली। पाँव ऐसे कि बरबस आदमी झुक जाये। पूरे व्यक्तित्व पर 'श्रद्धेय' लिखा होता है। मुझे ये बड़े बौड़म लगते हैं। पर ये पक्के श्रद्धेय होते हैं। ऐसे एक के पास मैं अपने मित्र के साथ गया था। मित्र ने उनके चरण छुए जो उन्होंने विकट ठण्ड में भी श्रद्धालुओं की सुविधा के लिए चादर से बाहर निकाल रखे थे। मैंने उनके चरण नहीं छुए। नमस्ते

करके बैठ गया। अब एक चमत्कार हुआ। होना यह था कि उन्हें हीनता बोध होता कि मैंने उन्हें श्रद्धा के योग्य नहीं समझा था। हुआ उलटा। उन्होंने मुझे देखा। और हीनता का बोध मुझे होने लगा—हाय, मैं इतना अधम हूँ कि अपने को इनके पवित्र चरणों को छूने के लायक नहीं समझता। सोचता हूँ, ऐसा बाध्य करनेवाला रोब मुझ ओछे श्रद्धेय में कब आयेगा।

श्रद्धेय बन जाने की इस हल्की-सी इच्छा के साथ ही मेरा डर बरकरार है। श्रद्धेय बनने का मतलब है 'नान परसन्'—'अव्यक्ति' हो जाना। श्रद्धेय वह होता है जो चीजों को हो जाने दे। किसी चीज का विरोध न करे जबकि व्यक्ति की, चरित्र की, पहचान ही यह है कि वह किन चीजों का विरोध करता है। मुझे लगता है, लोग मुझसे कह रहे हैं तुम अब कोने में बैठो। तुम दयनीय हो। तुम्हारे लिए सब कुछ हो जाया करेगा। तुम कारण नहीं बनोगे। मक्खी भी हम उड़ाएँगे।

और फिर श्रद्धा का यह कोई दौर है देश में? जैसा वातावरण है, उसमें किसी को भी श्रद्धा रखने में संकोच होगा। श्रद्धा पुराने अखबार की तरह रद्दी में बिक रही है। विश्वास की फसल को तुषार मार गया। इतिहास में शायद कभी किसी जाति को इस तरह श्रद्धा और विश्वास से हीन नहीं किया गया होगा। जिस नेतृत्व पर श्रद्धा थी, उसे नंगा किया जा रहा है। जो नया नेतृत्व आया है, वह उतावली में अपने कपड़े खुद उतार रहा है। कुछ नेता तो अण्डरवियर में ही हैं। कानून से विश्वास गया। अदालत से विश्वास छीन लिया गया। बुद्धिजीवियों की नस्ल पर ही शंका की जा रही है। डॉक्टरों को बीमारी पैदा करनेवाला सिद्ध किया जा रहा है। कहीं कोई श्रद्धा नहीं, विश्वास नहीं।

अपने श्रद्धालुओं से कहना चाहता हूँ—'यह चरण छूने का मौसम नहीं, लात मारने का मौसम है। मारो एक लात और क्रान्तिकारी बन जाओ।'

शब्दार्थ

श्रद्धा = सम्मान की उच्च अवस्था; **रफा-दफा** = समाप्त हो जाना, निपट जाना; **डॉक्टरेट** = पीएच.डी. की डिग्री; **वयोवृद्ध** = बहुत बूढ़; **दुरात्मा** = दुष्ट आत्मा; **माकूल** = उचित, अनुसार; **नौसिखुए** = नये सीखे हुए; **ग्लानि** = पछताव, बुरा लगना; **छिनाल** = गाली; **मकरध्वज** = हनुमान का पुत्र, एक पदार्थ; **विकट** = कठिन; **अधम** = नीच; **ओछे** = छोटे; **दयनीय** = बुरी हालत; **तुषार** = पाला, बर्फ पड़ जाना।

निर्मल वर्मा

निर्मल वर्मा का जन्म सन् 1929 ई. में हुआ। वह भारतीय मनीषा की उस उज्ज्वल परम्परा के प्रतीक पुरुष हैं, जिनके जीवन में कर्म, चिन्तन और आस्था के बीच कोई फाँक नहीं रह जाती। कला का मर्म जीवन का सत्य बन जाता है और आस्था की चुनौती जीवन की कसौटी। ऐसा मनीषी अपने होने की कीमत देता है और माँगता भी है। अपने जीवनकाल में गलत समझे जाना उसकी नियति है और उससे बेदाग उबर आना उसका पुरस्कार। निर्मल वर्मा के हिस्से में भी ये दोनों बखूबी आये।

स्वतन्त्र भारत की आरम्भिक आधी से अधिक सदी निर्मल वर्मा की लेखकीय उपस्थिति से गरिमांकित रही। वह उन थोड़े से रचनाकारों में थे जिन्होंने संवेदना की व्यक्तिगत स्पेस और उसके जागरूक वैचारिक हस्तक्षेप के बीच एक सुन्दर सन्तुलन का आदर्श प्रस्तुत किया। उनके रचनाकार का सबसे महत्त्वपूर्ण दशक, साठ का दशक, चेकोस्लोवाकिया के विदेश प्रवास में बीता। अपने लेखन में उन्होंने न केवल मनुष्य के दूसरे मनुष्यों के साथ सम्बन्धों की चीर-फाड़ की, वरन् उसकी सामाजिक, राजनीतिक भूमिका क्या हो, तेज़ी से बदलते जाते हमारे आधुनिक समय में एक प्राचीन संस्कृति के वाहक के रूप में उसके आदर्शों की पीठिका क्या हो, इन सब प्रश्नों का भी सामना किया।

अपने जीवन काल में निर्मल वर्मा साहित्य के लगभग सभी श्रेष्ठ सम्मानों से समादृत हुए, जिनमें साहित्य अकादेमी पुरस्कार (1985), ज्ञानपीठ पुरस्कार (1999), साहित्य अकादेमी महत्तर सदस्यता (2005) उल्लेखनीय हैं। भारत के राष्ट्रपति द्वारा तीसरा सर्वोच्च नागरिक सम्मान 'पद्मभूषण' उन्हें सन् 2002 में दिया गया। अक्तूबर 2005 में निधन के समय निर्मल वर्मा भारत सरकार द्वारा औपचारिक रूप से नोबेल पुरस्कार के लिए नामित थे।

इनका निधन सन् 2005 ई. में हुआ।

निबन्ध सार : साहित्य में प्रासंगिकता का प्रश्न

निर्मल वर्मा आधुनिक हिन्दी साहित्य के महत्त्वपूर्ण लेखक हैं। भारतीय समाज, संस्कृति तथा उनके अन्तर्द्वन्द्वों को निर्मल वर्मा सूक्ष्मता से समझते हैं। भारतीय परम्परा को उन्होंने बार-बार अपना वर्ण्य विषय बनाया है। प्रस्तुत निबन्ध एक वैचारिक निबन्ध है। इस निबन्ध में निर्मल वर्मा प्रेमचन्द की प्रासंगिकता के बहाने साहित्य और समाज की प्रासंगिकता पर विचार कर रहे हैं। साथ ही 'प्रासंगिकता' शब्द की जाँच-परख भी करते हैं एवं कला व संस्कृति की प्रासंगिकता पर भी विचार करते हैं। प्रेमचन्द पर जो बहस चली उसमें प्रेमचन्द से ज्यादा सामाजिक धारणाओं पर बल दिया गया।

'प्रासंगिकता' शब्द से ही यह आभास होता है कि कृति अथवा रचना इतनी शक्तिशाली है कि अपने समय से छलाँग मारकर हमारे समय में अपनी उपयोगिता सिद्ध कर लेती है। निर्मल वमा बताते हैं कि जिस प्रकार महर्षि रमण अपने साधकों से प्रश्न पूछते थे—उसी प्रकार प्रासंगिक कलाकृति हर युग के पाठक या श्रोता से स्वयं उसकी भाषा में प्रश्न पूछती है। मनुष्य से जन्म लेकर भी कला मानवीय स्थितियों की बन्दी या ऐतिहासिक सीमाओं की गुलाम नहीं होती। इसे लेखक एक विडम्बना मानते हैं। अनेक लेखकों, विचारकों ने इस विडम्बना से टकराने के प्रयास किये हैं। कला या रचना कलाकार की भीतरी आकांक्षा को समेटकर चलती है। कला में यही आकांक्षा सत्य है। आगे लेखक ने देशी-विदेशी, नवीन-प्राचीन, साहित्य से अनेक उदाहरण देकर कलागत सत्य का विश्लेषण किया है। क्या 'ईलियड' क्या 'महाभारत', सभी में कलागत सत्य को युगीन सत्य से संघर्ष एवं द्वन्द्वरत दिखाया गया है। निर्मल वर्मा 'विदेशीपन' के आरोपों के बावजूद विदेशी कला व साहित्य की प्रासंगिकता को भारतीय सन्दर्भों से जोड़कर देखने के समर्थक हैं। कला अपनी देश कालगत सीमाओं को लांघकर मुनष्य को उसके नैतिक दायित्व बोध से जोड़ने का महती कार्य करती है। 'महाभारत' या 'ईलियट' वहीं है किन्तु हर युग का मनुष्य उसमें अपने युगीन प्रश्नों, स्थितियों को ढूँढ़ लेता हे। कला मनुष्य की स्वाधीनता से भी जुड़ती है। कला बार-बार मनुष्य को उसके देश, कालगत बन्धनों से मुक्त करती है और यही किसी भी समाज में कलाकृति को प्रासंगिक बनाने की सबसे प्रमुख और जरूरी शर्त है। प्रस्तुत निबन्ध में निर्मल वर्मा पाठक को भाव-भाषा के स्तर पर सार्वभौमिकता के दर्शन करवाते चलते हैं। भाषा सधी हुई है तो विचार में गतिशीलता है।

साहित्य में प्रासंगिकता का प्रश्न

●

निर्मल वर्मा

पिछले दिनों प्रेमचन्द की प्रासंगिकता पर जो धुआँधार बहस हुई है, उससे जो भी निष्कर्ष निकले, एक बात जो स्पष्ट होकर आयी है, वह यह है कि प्रेमचन्द प्रासंगिक हों या नहीं, स्वयं 'प्रासंगिकता' के बारे में हमारे यहाँ कोई स्पष्ट नहीं है। प्रेमचन्द अब पुराने पड़ गये हैं, प्रेमचन्द कभी पुराने नहीं पड़ सकते—इन दो चरम विरोधी मतों के पीछे मूल्यांकन के कोई अलग-अलग निकष नहीं दिखायी देते (यदि ऐसा होता तो बहस अधिक जीवन्त और मूल्यवान हो पाती)। खुले-छिपे शब्दों में मूल्यांकन की एक ही कसौटी मान ली गयी है—साहित्य की सामाजिक उपादेयता—और चूँकि इस शब्द 'उपादेयता' में कुछ पुराने फैशन की, 'कुत्सित समाजशास्त्रीयता' की गन्ध आती है, इसलिए उसे प्रयोग करने में हम थोड़ा-सा हिचकते हैं, उसके बदले 'प्रासंगिकता' या 'सार्थकता' जैसे आधुनिक शब्द इस्तेमाल करते हैं, किन्तु मूल्यांकन के पीछे आग्रह वही है, प्रेमचन्द क्या आज हमारे लिए 'उपयोगी' हैं? यदि हैं, तो वह प्रासंगिक हैं, नहीं हैं, तो नहीं। यह बात किसी को अजीब या आश्चर्यजनक नहीं लगती कि समूची बहस प्रेमचन्द के लेखन से हटकर साहित्य के प्रति हमारी सामाजिक धारणाओं पर आकर अटक गयी है।

यहाँ मेरी मंशा प्रेमचन्द की प्रासंगिकता पर बहस करने की नहीं है, उनके बहाने स्वयं 'प्रासंगिकता'—जैसे प्रश्न पर विचार करने की है। इसका बड़ा श्रेय भी शायद प्रेमचन्द को जाता है कि स्वयं उनके लेखन ने इस प्रश्न को इतना विवादास्पद बना दिया है, जो ऊपर से इतना सरल और सीधा जान पड़ता है। तुलसीदास या शेक्सपियर को हम आज भी इतना चाव से पढ़ते हैं, किन्तु उनके बारे में यह जिज्ञासा नहीं उठती कि वे आज भी क्यों हमारे लिए इतने प्रासंगिक हैं? प्रेमचन्द के बारे में तो हम यह कहकर छुट्टी पा सकते हैं

(जैसा एक विज्ञ आलोचक ने एक टेलीविजन-वार्ता में कहा था) कि वह आज भी हमारे लिए प्रासंगिक हैं, क्योंकि उनके समय की समस्याएँ कमोबेश वही हैं, जिनसे हम आज जूझ रहे हैं—हालाँकि इस पर विश्वास करना जरा कठिन है। क्या सचमुच ऐसा है कि हमारे समाज की स्थिति, किसान का अन्दरूनी अन्तर्द्वन्द्व, सामाजिक रिश्तों का स्वरूप यथावत् वैसा है, जैसा प्रेमचन्द के समय में था? किन्तु यदि एक क्षण के लिए हम इस अद्भुत धारणा को स्वीकार भी कर लें तो हमें एक दूसरे अद्भुत निष्कर्ष को भी स्वीकार करना होगा कि यदि हमारे समाज की स्थिति बदल जाती है प्रेमचन्द के जमाने से थोड़ा भिन्न हो जाती, तो प्रेमचन्द हमारे लिए अप्रासंगिक हो जाते। शायद विज्ञ आलोचक इस निष्कर्ष को स्वीकार न करना चाहेंगे, किन्तु यदि वह प्रेमचन्द की प्रासंगिकता को समाज के बाहरी खूँटों से बाँधेंगे तो उनका तर्क उन्हें घसीटता हुआ इसी निष्कर्ष पर लाकर छोड़ेगा! इस तर्क की भयावह परिणति यह होगी कि आज हमारे लिए तुलसीदास, इंग्लैण्ड के लिए शेक्सपियर और सोवियत-समाज के लिए तॉल्स्तॉय अप्रासंगिक हो जाने चाहिए, क्योंकि जिन स्थितियों और 'समस्याओं' की अभिव्यक्ति उनके साहित्य में मिलती है, उनका हमारे युग की स्थितियों और समस्याओं से कोई लेना-देना नहीं।

यदि यह निष्कर्ष निगलना असम्भव जान पड़े, तो हमें अपना तर्क बदलना होगा। साहित्य में प्रासंगिकता की कसौटी बाह्य 'सामाजिक परिस्थितियों' में नहीं, कहीं अन्यत्र ढूँढ़नी होगी। यही नहीं, हमें आगे जाकर स्वयं कला में 'उपादेयता' या 'उपयोगिता' जैसे शब्दों को छोड़ना होगा, न छोड़ना चाहें तो उनका पुनःपरीक्षण करना होगा—इस प्रश्न का उत्तर देना होगा कि कैसे एक कलाकृति नितान्त विभिन्न सामाजिक व्यवस्थाओं, अलग-अलग युगों की प्रतिकूल नैतिकताओं और विश्वासों के बावजूद और उनके बीच अपनी प्रासंगिकता कायम रख पाती है। एक शब्द में कहें—तो हमें कम-से-कम कला के क्षेत्र में स्वयं 'प्रासंगिकता' के बारे में नये सिरे से सोचना होगा।

जरा ध्यान से देखें, तो हम पाएँगे कि 'प्रासंगिकता' शब्द से ही समय की गन्ध आती है। समय जो आज है, आज जो हम हैं, हम जो आज हैं—आप कुछ भी कह लें, कोई भी कलाकृति, चाहे वह कितनी भी पुरानी क्यों न हो, समय की अनन्त धारा में इस क्षण अटके हुए 'मैं' को कितना आलोकित कर पाती है, उसकी प्रासंगिकता इस कसौटी पर आँकी जाती है। दूसरे शब्दों में कहें, तो प्रासंगिकता के मूल में यह प्रश्न पूछा जाता है कि क्या कोई कलाकृति अपने में इतनी शक्ति, इतनी सामर्थ्य, इतनी

सर्वांगीण सम्पन्नता रखती है कि अपने समय की विशिष्ट परिस्थितियों से उठकर 'छलाँग लगाकर' हमारे समय तक पहुँच जाती है? समय बहता है। अतीत कहीं बहुत पीछे छूट गया है। इतिहास के इस सतत् प्रवहमान, सतत् परिवर्तनशील सन्दर्भ में एक कलाकृति आज मेरे लिए सिर्फ एक अर्थ में (दूसरा कोई अर्थ नहीं है) प्रासंगिक हो सकती है कि वह समूचे इतिहास की नोक पर एक बार फिर—अपनी पूरी तात्कालिकता, तन्मयता और तीव्रता के साथ मेरे आज के चेहरे को स्वयं मेरे लिए अपने भीतर जगाकर पूछ सके—मैं कौन हूँ? महर्षि रमण जो प्रश्न अपने साधकों से पूछते थे, वही प्रश्न एक प्रासंगिक कलाकृति हर युग के पाठक या श्रोता से स्वयं उसकी भाषा में पूछती है। वाल्मीकि का काव्य या एलोरा की मूर्तियाँ हमारी दुनिया को भेदती हैं, उनके साक्षात् से हम एक क्षण के लिए भूल जाते हैं, किन सामाजिक परिस्थितियों, किस ऐतिहासिक क्षण में उनका सृजन हुआ था; देश और काल की सीमाओं का उल्लंघन करते हुए हम अपने को एक ऐसी दुनिया में पाते हैं, जो आत्मलीन है, पूर्ण रूप से स्वायत्त है। वह हमें उद्वेलित करती है, किन्तु हमारे ऐतिहासिक पूर्वाग्रहों, मर्यादाओं, नैतिक विश्वासों द्वारा अनुशासित नहीं होती। कला की यह अद्भुत विडम्बना है कि विशिष्ट सामाजिक स्थिति में जन्म लेने पर भी, मनुष्य द्वारा सृजित होने के बावजूद वह मानवीय स्थिति की बन्दी या ऐतिहासिक सीमाओं की गुलाम बनकर नहीं रह सकती।

कला की इस रहस्यमय विडम्बना को कुरेदने का प्रयास अनेक आलोचकों ने किया है। उनमें से कुछ का यह विचार कि कला की शाश्वत् प्रकृति ही उसे हर समय और युग के लिए प्रासंगिक बनाती है, मुझे बहुत अविश्वसनीय और भ्रामक जान पड़ता है। यदि एक कलाकृति अपने में ऐतिहासिक समय का अतिक्रमण करती है, तो इसका मतलब यह नहीं कि वह समय की चिरन्तनता को—किसी अपरिवर्तनशील शाश्वत् सत्य को—उपलब्ध कर लेती है। सच पूछा जाये, तो कला में शाश्वत् कुछ भी नहीं होता, क्योंकि उसमें कुछ भी सम्पूर्ण रूप से अन्ति (फाइनल) नहीं होता। अन्तिम सम्पूर्णता का प्रतीक ईश्वर हो सकता है, कला नहीं। यह नहीं कि कोई पेंटिंग, कविता या कहानी अपनी संरचना (फॉर्म) में सम्पूर्ण नहीं होती, उसकी सम्पूर्णता ही हमें एक अनोखे किस्म की संकेन्द्रित तन्मयता देती है, जो हमें किसी अन्य स्रोत से प्राप्त नहीं होती। किन्तु इसका अभिप्राय यह नहीं कि उसने किसी अन्तिम सत्य, किसी समाधान को प्राप्त कर लिया है। कला में फॉर्म का सम्बन्ध मनुष्य के

सत्य से नहीं, कलाकार की आकांक्षा से जुड़ा रहता है। कोई कविता इसलिए समाप्त नहीं होती कि कवि ने सत्य उपलब्ध कर लिया है, बल्कि इसलिए कि उसने उसके भीतर अपनी आकांक्षा को समेट लिया है। शायद इसी अर्थ में वॉल्टर बेंजामिन ने लिखा था कि 'सत्य आकांक्षा की मृत्यु है', एक बार सत्य पा लेने के बाद कविता जीवित नहीं रहती, क्योंकि उसमें प्राण स्फुरित करने वाली आकांक्षा ही मुरझा जाती है। यह संयोग नहीं है कि जो लेखक अपनी रचनाओं में 'शाश्वत् सत्य' से कम कुछ भी स्थापित नहीं करना चाहते, वे अपनी रचनाओं की तात्कालिक प्रासंगिकता भी खो देते हैं।

अतः कला में यदि कोई चीज 'शाश्वत्' है, तो यही आकांक्षा–समय और व्यक्ति से बँधी हुई, अधूरी और अनिश्चित, इतिहास की गर्द और आत्मा की गर्दिश में लिपटी हुई–जो कलाकृति में अचानक एक सम्पूर्णता, एक अर्थ. एक्सटेसी का आलोक, एक निर्वैयक्तिक तटस्थता, एक समयहीनता प्राप्त कर लेती है। चूँकि कोई कलाकृति अपने सत्य में सम्पूर्ण नहीं है, इसलिए हर युग का मनुष्य उसके भीतर अपने सत्य की प्रासंगिकता खोज निकालता है। यह इसलिए कि इस धरती पर, समूचे सौरमंडल में मनुष्य सबसे ज्यादा अधूरा प्राणी है–इसलिए 'पूरा होने' की आकांक्षा उसके भीतर एक चिरन्तन जख्म की तरह खुली रहती है। पशुओं को जो ग्रेस प्रकृति के सान्निध्य से प्राप्त होता है और देवदूतों (एंजेल्स) को जो उज्ज्वलता ईश्वर के पास होने से मिलती है, मनुष्य इतना अभागा है कि दोनों से वंचित होकर वह एक अभिशप्त अलगाव में ठिठुरता रहता है। मनुष्य का लावारिस अलगाव और अधूरापन कोई आधुनिक, पश्चिम-बोध की देन नहीं है–वह मनुष्य के मनुष्यत्व के बीच एक कीड़े की तरह विद्यमान है, धरती पर उसके महज 'होने' के बोध से निहित है। उसकी समूची मिथक संरचना, धर्म-विधान, ईश्वर-कल्पना और–हमारे समय में सम्पूर्ण क्रान्ति का स्वप्न इसी अभिशप्त अनाथावस्था से छुटकारा पाने का गौरवपूर्ण, ट्रेजिक और बीहड़ प्रयास है। कला यदि इनसे अलग है, तो इसलिए नहीं कि वह इस अधूरेपन के पास से मुक्ति पाने का स्वप्न नहीं देखती–यह स्वप्न और आकांक्षा ही तो उसकी सतत् प्रासंगिकता के केन्द्र में है–फर्क केवल इतना है (और यह बुनियादी अन्तर है)–कि यह स्वप्न कहीं बाहर और परे न होकर स्वयं उसकी सृष्टि, उसके फॉर्म, उसकी संरचना में सन्निहित है। वह चाहे हजार पृष्ठों का एपिक हो, या चार पंक्तियों की कविता–वह अपने भीतर अर्थ के जिस स्पेस को घेरती है, उसी में हम अपने अधूरेपन का अतिक्रमण कर लेते हैं। उसके भीतर ही–शब्दों के विशिष्ट तन्तु

जाल में वह गरमाई है, जहाँ पहुँचते ही हम एक क्षण के लिए अकेलेपन की ठिठुरन से छुटकारा पा जाते हैं।

कला की यह द्विविधात्मक प्रकृति–किसी शाश्वत् सत्य को न अभिव्यक्त करते हुए भी अपने में सम्पूर्ण आत्मलीन और स्वयंसिद्ध होना–बहुत महत्त्वपूर्ण है। वह सम्पूर्ण है, किन्तु चारों तरफ से खुली हुई है, किसी अन्तिम सत्य के ताले में बन्द नहीं है, यह एक ऐसी चीज है, जो कला को इतनी शक्ति देती है कि वह हर तानाशाही आइडियोलॉजी को चुनौती दे सके। आइडियोलॉजी से आक्रान्त जिस युग में हम रहते हैं–वहाँ हमेशा यह कोशिश की जाती है कि सत्य को किसी मत, किसी वाद, किसी झूठे-सच्चे आदर्श, किसी युटोपिया की मरीचिका से नत्थी किया जा सके। इसके विपरीत कला अपने असीम खुलेपन के द्वारा हर आइडियोलॉजी के बने-बनाए 'सत्य' को खटखटाती है, हमें बाध्य करती है कि हम ऐतिहासिक भ्रमों की कुहेलिका से मुक्त होकर अपनी स्थिति को अतीत और आज और भविष्य के समूचे प्रवाह के भीतर आँक सकें। 'ईलियड' और 'महाभारत' में हम मनुष्य की नियति को–उचित और अनुचित, धर्म और अधर्म, सम्भव और असम्भव को–इसी अनन्त प्रवाह में देख पाते हैं। किन्तु इस प्रकार की झलक अलग-अलग रूपों में हमें क्या सभी महत्त्वपूर्ण कलाकृतियों में नहीं दिख जाती? 'महाभारत' पढ़ते हुए हम यह निर्णय नहीं कर पाते कि सत्य युधिष्ठिर के पास है या कर्ण के पास–क्योंकि यह महत्त्वपूर्ण नहीं है कि सत्य किसके पास है! महत्त्वपूर्ण वह समूची बहस है जो 'महाभारत' के भीतर बहती हुई हमें एक ऐसे चमकदार बिन्दु पर पहुँचा देती है, जहाँ सत्य और असत्य, धर्म और अधर्म का निर्णय स्वयं हमारे सार्थक जीने की अनिवार्य शर्त बन जाता है; चूँकि 'महाभारत' कोई शाश्वत् सत्य निर्धारित नहीं करता, इसलिए हर युग के लिए वह शाश्वत् रूप से एक प्रासंगिक जिज्ञासा का स्रोत बन जाता है। यही एक कलाकृति की प्रासंगिकता की सबसे कठोर परीक्षा और सबसे विश्वनीय कसौटी है कि वह हमें इतिहास के सतत् प्रवाह से एक क्षण के लिए बाहर ले आती है ताकि हम स्वयं अपने को उसमें बहता हुआ देख सकें। एक योगी की तरह नहीं, जो धारा को असम्पृक्त भाव से देखता है, एक मार्क्सवादी चिन्तक की तरह नहीं, जो मनुष्य को धारा के भीतर ही डुबो देता है–बल्कि एक ऐसी अन्तर्दृष्टि, जिसमें मनुष्य एक साथ ही धारा का द्रष्टा भी है और उसका अंग भी–जहाँ वह समय के सतत् प्रवाह के भीतर स्वयं अपनी जीवनधारा की दिशा, गहराई, उथलापन–दो शब्दों में कहें–अपनी माया और यथार्थ को चीन्हने की रौशनी पा लेता है।

कैसी रौशनी है यह जो एक कलाकृति से बाहर आती है? वह कोई सुख की रौशनी नहीं है, न सत्य की, न हमारी शंकाओं के उत्तर की। रेम्ब्रां के चित्र में एक बूढ़ी औरत कोई जवाब नहीं है, बुढ़ापे के दुःख का—किन्तु बुढ़ापे की एक-एक झुर्री (जो सिर्फ रंग की रौशनी में है, कैनवास पर चिपकी हुई) हमारी—दर्शक की—गुजरती हुई जिन्दगी पर कील ठोंक जाती है, प्रश्न-चिह्न की कील—और उसके दबाव तले जब हम गैलरी या म्यूजियम से बाहर निकलते हैं, तब हर मनुष्य के चेहरे को एक दूसरी निगाह से देखने लगते हैं, एक ऐसी निगाह, जिसमें हमारा अनुभव रेम्ब्रां के रंगों से जुड़ गया है, जिसमें बुढ़ापे का सत्य छिपा है, जो स्वयं मेरे सांसारिक यथार्थ को शंकालु, स्तब्ध, सन्दिग्ध बना देता है। प्रासंगिक कलाकृति वह नहीं होती है, जिसमें हर समय और स्थान में जीवित लोगों के लिए शाश्वत् उत्तर या सत्य होते हैं, बल्कि, वह जो हर युग में बने-बनाए सत्यों और उत्तरों के पैटर्न को बिगाड़ देती है, भंग कर देती है, हर विश्वास को शंकालु बना देती है ताकि हम एक बार फिर अपने समय के द्वन्द्वों, शंकाओं और पीड़ाओं का नया अर्थ खोज सकें। तॉल्स्तॉय के उपन्यास 'अन्ना कैरेनिना' में एक स्त्री अपने पति से विश्वासघात करती है, अपनी घर-गृहस्थी, मान-मर्यादा—यहाँ तक कि अपने बच्चे के स्नेह को ठुकराकर अपने प्रेमी के साथ भाग जाती है—फिर स्वयं प्रेम से भी हताश हो जाती है और कोई रास्ता न पाकर आत्महत्या कर लेती है। समाज की हर नैतिक कसौटी, परम्परागत मर्यादा के हर मापदण्ड पर वह स्त्री व्यभिचारिणी नहीं—तो क्रूर, स्वार्थी और पुंश्चली मानी जायेगी, किन्तु उपन्यास में तॉल्स्तॉय हमारे समस्त नैतिक विश्वासों को खोखला, पंगु और पाखण्डी बना देते हैं। उपन्यास पढ़ने के बाद कटघरे में अन्ना कैरेनिना नहीं, हम अपने को खड़ा पाते हैं, जहाँ प्रेम और विवाह और मानवीय रिश्तों की पवित्रता के सम्बन्ध में हमें अपने जड़ित विश्वासों को तोड़कर एकदम नये सिरे से सोचने के लिए विवश होना पड़ता है—यह उपन्यास यदि आज भी हमारे लिए घोर प्रासंगिक है तो इसलिए कि नैतिकता और सत्य और प्रेम के प्रश्न आज भी उतने ही खुले और सन्दिग्ध हैं, जितना कभी पहले थे।

रेम्ब्रां के चित्र? तॉल्स्तॉय का उपन्यास? मुझे डर है, इन विदेशी नामों को सुनते ही आपकी भौंहें कुछ तिरछी होंगी। मुझ पर इतनी बार 'विदेशीपन' का आरोप लगाया गया है कि इस बार जान-बूझकर मैं इन विदेशी कलाकारों का उल्लेख करने का जोखिम उठा रहा हूँ। कैसे एक डच कलाकार और रूसी लेखक अपने समय की समूची परिस्थितियों, परम्पराओं, संस्कारों को लाँघकर

आज मेरे लिए—बीसवीं शती में रहनेवाले एक भारतीय के लिए—प्रासंगिक हो सकते हैं, हम इस प्रश्न से मुँह नहीं मोड़ सकते। अब आप शायद समझ गये होंगे, क्यों मैंने इन दो विदेशी कलाकारों का उदाहरण देना जरूरी समझा। इसका एक उत्तर हमेशा से यह दिया जाता रहा है कि महान् कला सार्वभौमिक होती है, हर देश और समाज की सीमाओं से परे और ऊपर। मुझे यह उत्तर उतना ही असन्तोषजनक लगता है, जितना कला में शाश्वत् ढूँढ़ना। क्रान्ति के फॉर्मूले, मानव-मुक्ति के आदर्श, आध्यात्मिक शान्ति और सत्य पाने के सूत्र सार्वभौमिक हो सकते हैं, होते भी हैं, उनमें एक कालातीत सत्य होता है, जिसके कारण बुद्ध और ईसा और ताओ का सन्देश आज भी हमें इतना महत्त्वपूर्ण और मर्मस्पर्शी जान पड़ता है। किन्तु कला? एक कलाकृति का जादू और मर्म और रहस्य उसके सार्वभौमिक सन्देश में नहीं, उसकी नितान्त निजी, विशिष्ट बुनावट में निहित होता है, जिसमें भाषा, रंग और ध्वनियों के रेशे एक सर्वथा मौलिक, अद्वितीय सृष्टि की रचना करते हैं—और इस विशिष्ट रचना के भीतर ही एक कविता या चित्र अपना अनूठा सत्य सम्प्रेषित करते हैं। यह सत्य सार्वभौमिक नहीं है—किन्तु हर पीढ़ी का व्यक्ति इस रचना के भीतर अपने प्रासंगिक सत्य को ढूँढ़ निकालता है। कला के सत्य, और एक सामाजिक या दार्शनकि सन्देश में यह मूलभूत अन्तर है—सन्देश दूसरों की भाषा में दिया जाता है, कला के सत्य को सिर्फ कलाकृति की भाषा के भीतर ही ग्रहण किया जा सकता है, उसके बाहर नहीं। 'अन्ना कैरेनिना' जैसा उपन्यास रूस की विशिष्ट, सर्वथा जातीय परिस्थिति से तो जुड़ा ही है, किन्तु जिस भाषा में वह लिखा गया, उसके संस्कार लेखक की अन्तर्दृष्टि को एक स्वायत्त किस्म का अनूठापन देते हैं, जो किसी अन्य परिस्थिति, अन्य भाषा, अन्य भूखण्ड पर असम्भव हो जाता है। उपन्यास से कहीं अधिक कविता में भाषा दखल देती है, जहाँ कविता का अर्थ स्वयं शब्दों की विशिष्ट संरचना में साँस लेता है।

इस बिन्दु पर हम कला की प्रासंगिकता के सबसे पेचीदा, विडम्बनापूर्ण केन्द्र में पहुँच गये हैं। यदि एक कलाकृति का सत्य सिर्फ उसकी विशिष्ट रचना में है—यदि उसकी प्राणवत्ता उसके अनूठे वैशिष्ट्य में साँस लेती है, भाषा और जातीय स्मृतियों की धरती से अपना रूप और स्वभाव ग्रहण करती है, जो कैसे वह अलग समय में, एक विदेशी समाज में, परायी संस्कृति की अजनबी स्मृतियों में प्रवेश कर पाती है? प्रवेश ही नहीं करती, बल्कि एक विराट् रहस्योद्‌घाटन (रेविलेशन)-सा करता जान पड़ती है—एक ऐसे प्रामाणिक

स्तर पर–जहाँ हमें पराये विदेशी लेखक कभी-कभी अपने जातीय, भाषा के लेखकों से कहीं ज्यादा प्रासंगिक और मूल्यवान जान पड़ने लगते हैं?

मेरी समझ में इसका एक ही उत्तर है–और वह कला की शाश्वत्ता या सार्वभौमिकता में नहीं–बल्कि मनुष्य की गहनतम अन्तर्चेतना के मूलभूत ढाँचे में है–जहाँ मनुष्य का समग्र अस्तित्व वास करता है। कला की अभिव्यक्ति चाहे किसी भी भाषा, रूप या जातीय स्मृति के बिम्बों में हो, वह हमेशा हमें 'अपने होने की स्थिति से साक्षात् कराती है'–और 'होने' की यह स्थिति हर समय, हर जगह एक जैसी है, जहाँ कहीं इस धरती पर मनुष्य जीवित है। यही कारण है कि आज भी हम प्रागैतिहासिक मनुष्य द्वारा रचे गये गुहा-चित्रों से इतना प्रभावित होते हैं, उन्हें अपने भीतर इतना प्रासंगिक मानते हैं, यद्यपि उस गुहा-मनुष्य की भौतिक, सामाजिक अवस्था से हमारा कहीं मेल नहीं बैठता।

दूसरी तरफ अपनी भाषा में ही रची गयी एक समकालीन रचना हमें नितान्त सूखी और खाली लग सकती है–अखबार की एक रिपोर्ट की तरह नयी–जो कल बासी पड़ जायेगी। अन्ततः कला में प्रासंगिकता की समस्या ऐतिहासिक समय पर निर्भर नहीं करती, वह उन प्रश्नों से सम्बन्ध रखती है, जो समाज, संस्कृति, इतिहास और परम्परा से जुड़कर भी कहीं सतह के नीचे समूचे मनुष्य की नियति को छूते हैं, जिन्हें न विज्ञान विश्लेषित कर सकता है, न कोई राजनीतिक सिद्धान्त अपने में समेट सकता है, क्या पाप है और क्या पवित्र, नैतिक और अनैतिक के बीच विभाजन-रेखा, हम क्या हैं और हमें क्या होना चाहिए, सुन्दर और असुन्दर–और सबसे बड़ा प्रश्न–प्रकृति और शून्य के बीच मनुष्य का अकेलापन, जिसे 'ईश्वर' की कल्पना भी दूर नहीं कर सकती, क्योंकि इस धरती पर मनुष्य ही ऐसा जीव है जो अपनी मृत्यु की अनिवार्यता से अवगत है।

ये प्रश्न महज 'दार्शनिक प्रश्न' कहकर नहीं टाले जा सकते, वे मनुष्य की उन बुनियादी, अन्तरतम अनुभूतियों के ढाँचे में गुँथे हैं, जो मनुष्य को दुनिया के समस्त प्राणियों से अलग करती हैं। जिस अँधेरे अनुभव से 'भाषा' जन्म लेती है, उसी स्रोत से इन प्रश्नों का जन्म होता है। यह नहीं, पहले भाषा जन्म लेती है–और फिर उस भाषा में इन प्रश्नों को पूछा जाता है–बल्कि भाषा का जन्म ही प्रश्नों की इस प्रसव-पीड़ा के द्वारा होता है और स्वयं ये प्रश्न मनुष्य की भाषा में ही रूपायित हो सकते हैं। एक कलाकृति सिर्फ मनुष्य की भाषा का सघन, एकात्म, सकेन्द्रित 'इशारा' है, वह चाहे दुनिया के

किसी कोने से उठता हो, यदि वह हमारे इस ढाँचे में हलचल उत्पन्न करता है, तो वह हमारे लिए तुरन्त और तात्कालिक रूप में प्रासंगिक हो जाता है। यदि मनुष्य से अधुनातन मनुष्य के भीतर प्रश्नों की जो ठण्डी, बर्फीली झील जमी रहती है, एक कलाकृति कुदाली की तरह इस पथराई, बर्फ को खोदकर नीचे दबी चेतना को पुनःप्रवाहित करने लगती है। हम न केवल इस प्रवाह को अपने भीतर महसूस करते हैं, बल्कि उस कविता, उपन्यास या चित्र के माध्यम से स्वयं वह प्रवाह बन जाते हैं, जो स्वयं कलाकृति की सत्ता में मौजूद है। फॉकनर ने एक बार कहा था कि एक महान उपन्यास बहते हुए समय को अपने पृष्ठों पर रोक लेता है और जब पचास-साठ साल बाद हम उस उपन्यास को पढ़ते हैं, तब रुका हुआ समय फिर बहने लगता है।

इससे हम एक अद्भुत निष्कर्ष पर पहुँचते हैं : एक कलाकृति अपने में आत्मलीन, स्वायत्त इकाई होने पर भी कोई स्थिर या ठहरी हुई सत्ता नहीं है—समय के चौखटों में बन्द नहीं है। वह हर पीढ़ी की आँखों में, यहाँ तक कि एक ही पीढ़ी के अलग-अलग व्यक्तियों के लिए अपना अर्थ बदलती रहती है। हम किसी कलाकृति में क्या और कितना कुछ पाते हैं, यह उस कलाकृति की सर्वांगीण अर्थवत्ता पर तो निर्भर करता ही है, किन्तु इस बात पर भी निर्भर करता है कि हर पीढ़ी का मनुष्य कितना और कैसा अनुभव लेकर उस कलाकृति के पास जाता है? हैमलेट की जो छवि एलिजाबेथ-युग के नाटक-दर्शकों के लिए थी, क्या वही छवि आज हमारे भीतर है? नाटक वही है, किन्तु उनकी प्रासंगिकता के स्थल और कोण बिल्कुल बदल गये हैं। अर्जुन के संशय एक समय में केवल उसके 'मोहग्रस्त अज्ञान' को दर्शाते थे, किन्तु आज वही संशय आधुनिक मनुष्य के संकट का केन्द्रबिन्दु बन गये हैं। स्वयं कृष्ण के वचन हमारे लिए—आस्था और आस्तिकता से ऊपर उठकर—एक ऐसे नैतिक दायित्व का बोध कराते हैं, जिसे गांधीजी ने अपने ढंग से भारतीय स्थिति के सन्दर्भ में एक सर्वथा अनूठे अर्थ में विश्लेषित किया था, जिसके प्रति शायद पिछले युग का कोई भी भारतीय मनीषी सचेत नहीं था। शब्द वही हैं, उपदेश वही हैं, कृष्ण और अर्जुन भी वही हैं, सिर्फ वह 'कुरुक्षेत्र' बदल गया है, जिसमें आज हम सत्य और असत्य, धर्म और अधर्म के बीच संघर्ष कर रहे हैं—और उसके बदलने मात्र से स्वयं 'महाभारत'—जैसी कलाकृति से हमारा सम्बन्ध एक सर्वथा नूतन धरातल पर पुनर्जीवित हो गया है। हम यह कह सकते हैं कि 'महाभारत' का काव्य हमारे लिए बदल गया है, किन्तु हम यह भी कह सकते हैं कि काव्य नहीं बदला है, बल्कि उसमें एक ऐसे समूचे मनुष्य की मूल

(आर्कीटाइप) छवि है, जिसमें हर युग का प्राणी अपने अनुभव के दबाव-तले प्रासंगिक अर्थ खोज निकालता है—और ये दोनों ही बातें सच हैं।

मैंने ऊपर 'समूचे मनुष्य' की बात कही है। कौन है यह समूचा मनुष्य? मेरे विचार में समूचा मनुष्य स्वाधीन मनुष्य है। या यों कहें, स्वाधीन मनुष्य ही समूचा बनने का स्वप्न देख सकता है। यह स्वप्न वही आकांक्षा है, पूरा बनने की आकांक्षा, जो हर कलाकृति के मूल में वास करती है, विधाता ने मनुष्य को अधूरा अवश्य बनाया है, किन्तु मुआवजे में उसे एक ऐसी चीज दी है, जो न पशुओं को प्राप्त है, न देवदूतों को—स्वाधीनता का दुर्लभ वरदान—जिसका सबसे ठोस और साकार रूप हमें कला में मिलता है। आज यदि कला सबसे अधिक प्रासंगिक हो गयी है तो इसलिए कि पहले किसी युग में मनुष्य की स्वतन्त्रता इतने गहन संकट में नहीं पड़ी थी। आज मनुष्य न केवल प्रकृति और ईश्वर से विलगित हो गया है (और यहाँ मैं 'ईश्वर' का अर्थ व्यापक अर्थ में, दैवी पवित्रता के अर्थ में ले रहा हूँ, संकीर्ण आस्तिक या नास्तिक अर्थों में नहीं) बल्कि स्वयं अपने निजी वैशिष्ट्य से—जिसमें उसकी देह और आत्मा, दोनों शामिल हैं—निर्वासित हो गया है। यह आकस्मिक नहीं है कि आधुनिक कला की अधिकांश रचनाएँ आज हमें सम्पूर्णता या कृतज्ञता का बोध नहीं करा पातीं क्योंकि कला ने अपनी स्वतन्त्रता का गरिमामय वरदान भूलकर अपने को समय के फॉर्मूलों, मन्त्रों और फैशनों (जिसमें आइडियोलॉजी का फैशन सबसे आकर्षक और घातक है) में बाँध लिया है! यदि निर्वासित मनुष्य की कला स्वयं अपनी स्वतन्त्र मेधा से निर्वासित हो गयी हो, तो वह मनुष्य को अपनी स्वाधीनता से कैसे अवगत करा पाएगी? यह नहीं कि कला से हमें प्रकाश ही प्राप्त हो, किन्तु हम अपने अँधेरे से परिचित हो सकें—यह वही कलाकृति कर सकती है जो स्वयं प्रकाश और अँधेरे के बीच मँडराती छलनाओं से परिचित हो। इसलिए यह कहना कि एक ऐसे समाज में—जहाँ मनुष्य गरीबी और भूख और अन्याय से पीड़ित हो—कला सिर्फ भोग-विलास की वस्तु है, अप्रासंगिक है—वह न मनुष्य की भूख और पीड़ा को समझना है, बल्कि कला के मौलिक धर्म को भी अनेदखा कर देना है। कला बार-बार मनुष्य को उसके बाहरी बन्धनों, ऐतिहासिक छलनाओं और स्वयं उसकी अन्दरूनी भ्रान्तियों से मुक्त करवा के उसे वर्तमान में ले आती है—शाश्वत् वर्तमान की क्रूर, किन्तु शान्त रौशनी में, उसके समूचे नंगे अस्तित्व की ओर—और यह कलाकृति को किसी भी समाज-व्यवस्था में प्रासंगिक बनाने की सबसे प्रमुख और अनिवार्य शर्त है।

शब्दार्थ

प्रासंगिकता = वर्तमान में आवश्यकता; **विज्ञ** = विद्वान; **स्वायत्त** = आत्मनिर्भर; **उद्वेलित** = बेचैन करना; **ग्रेस** = विशेषता; **द्विविधात्मक** = दो विधाओं का गुण; **युटोपिया** = आदर्श, स्वप्नलोक, वर्तमान से अलग एक आदर्शलोक; **आइडियोलॉजी** = विचारधारा; **सम्प्रेषित** = पूरी बात पहुँच जाना; **पेचीदा** = कठिन।

❏❏

सम्पादक परिचय

डॉ. कैलाश चन्द सैनी

जन्म : 13 सितम्बर 1983

जन्म स्थान : छापोली ग्राम, तहसील उदयपुरवाटी, जिला झुंझुनू (राजस्थान)।

शिक्षा : आरम्भिक शिक्षा गाँव से एवं स्नातकोत्तर शिक्षा श्री कल्याण महाविद्यालय, सीकर से।

उपलब्धियाँ : SLET, NET, JRF, Ph.D., PGDRD, DTS.

अध्यापन अनुभव : 13 वर्ष (कॉलेज शिक्षा)।

अनुसन्धान : यू.जी.सी. द्वारा प्रदत्त (MRP) Minor Research Project सम्पूर्ण किया है।

पत्र-पत्रिकाओं में लेख एवं कविताएँ प्रकाशित।

राजस्थान सरकार द्वारा स्मार्ट क्लासेज हेतु चयन।

साहित्य एवं संगीत में विशेष रुचि।

श्रीमती बबल शर्मा

जन्म : 1 जुलाई 1981

जन्म स्थान : ग्राम मूण्डरू, श्रीमाधोपुर, सीकर (राजस्थान)।

शिक्षा : आरम्भिक शिक्षा गाँव से, स्नातकोत्तर शिक्षा वेदान्ता गर्ल्स कॉलेज रींगस, सीकर (राजस्थान), एम.ए. हिन्दी, SLET, NET, एवं एम.ए. दर्शनशास्त्र।

अध्यापन अनुभव : 13 वर्ष (कॉलेज शिक्षा)।

साहित्य लेखन में विशेष रुचि, प्रकृति से अनन्य लगाव।